PARMI LES CRIS, UN CHANT S'ÉLÈVE...

Le témoignage exceptionnel
d'une femme médecin
déportée à Auschwitz

Sima VAISMAN

PARMI LES CRIS, UN CHANT S'ÉLÈVE...

Le témoignage exceptionnel d'une femme médecin déportée à Auschwitz

Préface de Serge Klarsfeld

Michel LAFON

Agence littéraire Philippe Scali
34, avenue Montaigne 75008 Paris

7-13, boulevard Paul-Émile Victor - Île de la Jatte
92521 Neuilly-sur-Seine Cedex

PRÉFACE

Certains témoignages émanant de fortes personnalités auront toujours plus de puissance pour exprimer l'authenticité de l'homme plongé dans l'univers concentrationnaire que l'œuvre d'un historien, fût-il le plus compétent et le mieux documenté.

Il en est ainsi pour les camps d'internement en France : aucune monographie sur le Vernet, les Milles, Compiègne ou Drancy ne peut rivaliser avec la force des témoignages d'Arthur Koestler[1], Lion Feuchtwanger[2], Jean-Jacques Bernard[3], Roger Gompel[4], Nissim Calef[5],

1. *Scum of the Earth*, MacMillan, 1941 (Le Vernet).

2. *The Devil in France*, Viking, 1941 (Les Milles).

3. *Le Camp de la mort lente*, Albin Michel, 1944 (Compiègne).

4. *Pour que tu ne m'oublies pas*, journal publié en 1980 (Compiègne et Drancy).

5. *Drancy, Campo di Rappresaglie*, Edizione Italiana, 1945. *Drancy 1941 – Drancy la faim*, éd. FFDJF, 1991.

Georges Wellers[1], François Montel ou Georges Kohn[2].

Leurs ouvrages ont été écrits soit pendant leur incarcération, soit dès la Libération. Ils avaient compris que, témoins protagonistes, il leur fallait témoigner, s'ils en avaient la possibilité, pendant qu'ils étaient plongés dans cette exceptionnelle situation existentielle ou bien aussitôt sortis de cette autre planète où ils avaient été projetés.

Cette constatation valable pour les internés en France l'est aussi pour les survivants de la déportation. Certes, ils n'ont pas été en mesure de témoigner pendant qu'ils subissaient leurs terribles épreuves ; mais les œuvres les plus représentatives de ce que fut pour un Juif ou pour une Juive l'expérience d'un camp d'extermination nazi furent écrites ou créées peu de temps après la Libération. Je voudrais également limiter mes exemples aux rescapés déportés de France.

Dès son retour, David Olère décrivit l'horreur de ce qui s'était passé dans le crématoire 111 de Birkenau dans son « aide-mémoire » : des dizaines de dessins à la précision photographique et, en

1. *De Drancy à Auschwitz*, CDJC, 1946. *Un Juif sous Vichy*, Tiresias-Michel Reynaud, 1991.

2. *Journal de Compiègne et de Drancy*, FFDJF, 1999.

particulier, la coupe tout à fait exacte du crématoire et de la chambre à gaz[1].

Georges Wellers rédigea en 1945 son mémorable *De Drancy à Auschwitz*, œuvre d'un observateur humaniste et précis participant malgré lui à cette inhumaine expérience.

Yvonne Klug, dont le récit sera bientôt publié, a écrit en 1945 avec un apparent détachement un compte rendu bref et saisissant de sa déportation.

En 1999 j'ai fait paraître le récit que rédigea Xenia Gourvitch en 1945 sur ses épreuves à Auschwitz. Le Dr André Leftich, déporté d'Angers le 20 juillet 1942, a écrit à son retour *34 mois dans les camps de concentration nazis*, relatant, entre autres, comment il assuma le rôle de médecin légiste pour les victimes des prétendues expériences médicales de Mengele. Ouvrage également publié à compte d'auteur en 1945 : *Retour d'Auschwitz* de Guy Kohen. Celui de Julien Unger, *Le Sang et l'Or*, qui possède une force singulière, a été édité par Gallimard en 1946.

Autre ouvrage écrit sous l'emprise d'une immédiate nécessité : *Le Laminoir* de Serge Miller[2].

---

1. *L'Œil du témoin*, éd. Klarsfeld, 1988.
2. Calmann-Lévy, 1947.

Quelques témoignages n'eurent ni retentissement, ni impact ; la vie reprenait ses droits et collectivement on ne voulait pas se souvenir de pareilles tragédies. Les enfants survivants des déportés exterminés étaient encore trop jeunes pour imposer leur exigence de mémoire. C'est pourquoi le terrible voyage de Drancy à Auschwitz, l'anéantissement par le gaz de la grande majorité des déportés et les indicibles souffrances endurées par les sélectionnés pour le travail jusqu'à ce qu'ils soient presque tous assassinés furent repoussées à l'arrière-plan des préoccupations d'une mémoire publique plus accessible aux récits des déportés résistants qu'à ceux des quelques rescapés juifs, la Résistance étant alors aux leviers de commande du pays. Le souvenir des déportés juifs s'enfouissait dans les mémoires des membres survivants de leurs familles et n'émergeait que dans les cérémonies et réunions organisées par les associations de déportés.

Quinze à vingt années de silence jusqu'à ce qu'une nouvelle sensibilité au sort des Juifs permît l'apparition de nouveaux récits de rescapés juifs, parfois de grande qualité littéraire mais toujours moins spontanés et moins porteurs de vérité historique que ceux qui avaient été publiés aussitôt après la guerre.

Aucun de ces auteurs de 1945 ne se considérait comme un écrivain. Ils se voulaient des témoins ; non pas des spectateurs, ayant assisté passivement à quelque tragédie, mais des témoins engagés puisque victimes eux-mêmes. Il s'agissait d'ailleurs moins d'un témoignage que d'une déposition. Ils n'écrivaient pas pour se mettre en valeur, mais par nécessité : d'une part personnelle, par catharsis, pour surmonter ce à quoi ils avaient survécu et qui avait risqué de les déshumaniser ; d'autre part par nécessité collective pour rendre compte au nom des autres, ceux qui n'avaient pas survécu et qui leur avaient confié leurs mémoires, dont ils étaient les dépositaires.

Aucun de ces auteurs n'avait été accablé par la perte de ses parents, de son conjoint ou de ses enfants ; ce qui leur a permis d'observer avant même de rendre compte car ils avaient été préservés de la pire des souffrances, celle qui vous atteint dans votre amour le plus profond et qui vous rend indifférent au monde extérieur.

Tous ces témoins bénéficiaient d'une instruction poussée et d'un esprit curieux et attentif. Les uns étaient médecins, d'autres chimistes, Olère était peintre.

Sima Vaisman, dont le récit connaît une nouvelle édition, a répondu, elle aussi, dès son retour, à cet impératif psychologique et moral qui eut pour résultat que ces œuvres de quelques témoins ont été le prolongement immédiat de leur déportation, et non le fruit d'un effort de mémoire qui se ressent quand même du passage du temps et dont la composition exige le flash-back.

J'ai connu Sima Vaisman, qui exerçait la profession de chirurgien-dentiste en face de mon domicile et que fréquentait ma mère, russe elle aussi. Responsable du *Monde juif*, la revue du CDJC, j'ai publié en 1990 son récit de l'été 1945, dès que je l'ai eu sous les yeux, tant il me paraissait important[1].

Sima décrit le camp de Birkenau avec tant de précision, elle qui ne pouvait en connaître le plan et qui ne voyait que ce qu'elle avait dans son champ de vision, que j'ai accompagné son texte d'un plan et de notes, dont quelques-unes sont miennes et dont la plupart sont dues à Jean-Claude Pressac, spécialiste du camp d'Auschwitz-Birkenau et du fonctionnement des chambres à gaz et des fours crématoires[2].

Le texte de Sima mérite, malgré sa brièveté, d'être publié comme un livre, tant il condense les conditions de l'extermination des Juifs dans cet abattoir que fut Birkenau. Non seulement Sima

---

1. *Le Monde juif*, octobre-décembre 1990. NI 140.

2. *Auschwitz – Technique and Operation of the Gas Chambers*, The Beate Klarsfeld Foundation, 1989.

sait expliquer comment fonctionne le système concentrationnaire, mais ses descriptions sont hallucinantes et inoubliables ; peut-être parce qu'elle fait abstraction d'elle-même. Elle est là comme un appareil photographique non pas impartial mais ayant pris parti car guidé par un œil empli d'humanité. Personne n'a raconté, comme elle le fait, les scènes d'épouillage ou de sélection pour la chambre à gaz dans le soi-disant hôpital, le « Revier », et le comportement des condamnés à mort. En 1980, j'avais retrouvé l'Album d'Auschwitz et ses deux cents photographies ; Sima avait en quelque sorte déjà écrit les légendes des photographies de ces « inaptes au travail », de cette « lave vivante » coulant vers les crématoires : « Tantôt sous la pluie battante, tantôt sous un soleil ardent, passent, s'écoulent des flots de gens, des femmes jeunes avec des enfants sur les bras, des femmes qui donnent encore en route leur sein plein de vie, plein de sève, pour empêcher leurs bébés de pleurer. Aux jupes s'accrochent les bambins qui savent déjà marcher, des enfants superbes, bruns et blonds, avec leurs boucles qui flottent au vent... »

Sima raconte comment les détenues, et parmi elles des mères qui ont survécu à leurs enfants, ont préparé pour Noël 1944 des jouets et des cadeaux pour les enfants d'Allemagne avec les jouets et les vêtements des enfants juifs assassinés.

Elle décrit également l'évacuation si meurtrière des camps qui anéantit la grande majorité des survivants jetés sur les routes.

Aucun reporter au monde n'aurait pu, comme Sima Vaisman, relater en quatre-vingts pages, en cent mille signes ce que fut l'Enfer subi par les Juifs sur la Terre. Aucun reporter, aucun romancier, aucun historien ; seul un témoin et de la première heure...

Serge KLARSFELD

AVANT-PROPOS

Sima Waserman-Vaisman est née en 1903 en Bessarabie dans une petite ville nommée Orhei, près de Kichinev (la Bessarabie est aujourd'hui la Moldavie, à la limite de la Russie et de la Roumanie). Elle était la cousine germaine de mon père, Abram Neiman (leurs mères étaient sœurs) ; ils étaient très proches et elle a toujours fait partie de ma vie.

Elle adorait la France, « terre des droits de l'homme », et quitta la Bessarabie dans les années 1930, après avoir fait ses études de médecine (gynécologie) à Bucarest, pour habiter Paris.

N'ayant pas les moyens de faire à nouveau des études de médecine en France, elle exerce comme chirurgien-dentiste. Elle épouse en 1930 Pinkas Vaisman, qui meurt en 1937 à l'âge de trente-trois ans. Elle n'aura pas d'enfants.

Au début de la guerre, elle se réfugie à Lyon, et sera arrêtée à Mâcon en 1942, puis déportée dans plusieurs camps avant d'être transférée à Auschwitz. Médecin au camp, elle essaye d'aider de son mieux tous les malheureux qu'elle va rencontrer.

Délivrée par les Russes, elle écrit ce témoignage, huit jours après sa libération, pour ne pas oublier et surtout pour la mémoire du monde.

De retour à Paris, elle exerce à nouveau comme chirurgien-dentiste jusqu'à un âge assez avancé. Elle ne parlera jamais d'Auschwitz, refusera les interviews et je vais découvrir l'existence de ce manuscrit par hasard en 1983.

J'ai été sidérée à la lecture de ce texte « sans intérêt », disait-elle, qu'elle avait simplement envoyé à la bibliothèque de l'université de Tel-Aviv. J'en ai parlé pour la première fois à un ami, Éric de Rothschild, qui préside le mémorial du Martyr juif inconnu. Après avoir lu le texte, il l'a aussitôt fait lire à Serge Klarsfeld, qui est venu interviewer ma tante. Ce texte est paru dans la revue *Le Monde juif* in extenso, tel qu'il est publié aujourd'hui.

Elle est la seule femme médecin à avoir témoigné, et son texte a d'autant plus de valeur qu'il est dépassionné, précis, concis, clair, comme si elle avait été un témoin de quelque chose qui ne la concernait pas. Jamais un mot sur elle, jamais « J'ai faim, j'ai froid... », seulement cette volonté de dire un jour au monde que tout cela a existé.

Elle est morte à l'âge de quatre-vingt-quatorze ans en 1997, et a été incinérée au Père-Lachaise, selon sa volonté.

C'était un personnage, une femme d'une énergie farouche, passionnée par la vie, la jeunesse, les arts et tout ce qui se passait dans le monde, bien entendu, tout particulièrement en Israël. Elle aimait écouter, conseiller ; c'était une sage, entourée d'amis et de jeunes jusqu'à la fin de sa vie. Cette femme a laissé à tous ceux qui l'ont connue une impression de force indestructible. Elle aimait les grands arbres et était à sa manière « un de ces chênes que l'on ne peut plus abattre ».

Éliane NEIMAN-SCALI

PRÉSENTATION

de la première édition du texte de Sima Vaisman figurant dans la revue *Le Monde juif* en 1945

Nous publions ci-dessous la déposition d'une dentiste juive déportée de France. Originaire de Bessarabie, Sima Vaisman avait quarante et un ans quand elle fit partie du convoi n° 66 du 20 janvier 1944 à destination d'Auschwitz-Birkenau. Elle avait été arrêtée avec de faux papiers au nom de Simone Vidal. Dentiste de profession, elle n'avait pas le droit d'exercer du fait des lois racistes de Vichy.

Le témoignage de Sima Vaisman a été rédigé dès son retour des camps, de crainte de perdre la mémoire précise des événements et des lieux qu'elle avait traversés. Il présente un réel intérêt historique et contient bien des renseignements précieux, en raison du sens de l'observation de son auteur et de la formation scientifique qu'elle avait reçue.

Les notes qui commentent et confirment ce qui est relaté dans ce texte ont été rédigées par la rédaction du *Monde juif*[1].

1. Le témoignage de Sima Vaisman est publié *in extenso*, tel qu'il a été écrit en 1945, sans aucune modification.

Arrêtée en Saône-et-Loire le 23 décembre 1943 par la Feldgendarmerie de Mâcon, amenée à la Gestapo de Lyon, j'ai fait en cette ville un court séjour à la prison de Montluc. Transférée ensuite à Drancy, après une dizaine de jours passés à la prison du camp je fus versée dans le bloc de déportation et, le 20 janvier 1944, sous l'œil protecteur des gendarmes français, après avoir entendu un petit discours du directeur nous promettant que nous irions dans des camps de travail où les familles ne seraient pas séparées, où les vieux s'occuperaient des travaux du ménage, où seuls les jeunes travailleraient plus durement (évidemment chacun dans son métier), on nous a embarqués dans des autobus et amenés à la gare.

Sommairement comptés par les soldats allemands, le cœur lourd comme du plomb, au nombre de 1 200 [1], nous sommes entrés dans des wagons à bestiaux, aménagés d'avance pour nous : 60 par wagon, hommes, femmes et enfants pêle-mêle ; par terre quelques paillasses sales, une tinette, un seau d'eau... Les portes des wagons sont plombées ; nous nous installons dans le noir comme nous pouvons et le voyage vers l'inconnu commence.

S'arrêtera-t-on à Metz ? Y aura-t-il encore là-bas un triage (une des promesses des dirigeants du camp) ? Le train roule sans arrêt toute la journée, toute la nuit, on a certainement dépassé depuis longtemps la frontière française, la tinette se remplit... la réserve d'eau diminue.

Le train s'arrête... se remet en marche... on ne sait rien, on n'entend rien.

À la fin de la deuxième journée, quelques-uns de nous reçoivent l'autorisation de descendre sous escorte du wagon vers une rivière qui coule en

---

1. Transport n° 66, qui a quitté le camp de Drancy le 20 janvier 1944. Il transportait 1 155 déportés juifs, dont 640 hommes et 515 femmes. 221 déportés étaient âgés de moins de dix-huit ans, dont 3 bébés nés en 1943, 5 en 1942, 8 en 1941.

Une survivante du convoi 66, Suzanne Birnbaum, a relaté sa déportation dès son retour dans *Une Française juive est revenue*, Le Livre français, 1945.

contrebas d'un petit talus pour remplir notre seau d'eau. Une eau sale qui est potable, nous disent les S.S.

Nous sommes en Allemagne. Au bout de quelques minutes, nous sommes embarqués de nouveau dans les wagons et le voyage reprend. Où ? Personne ne nous renseigne.

Le troisième jour, une sentinelle vient nous dire que nous devons lui remettre une certaine quantité de cigarettes pour les « prisonniers français », sinon... il viendrait nous fouiller et les prendrait lui-même. À l'arrêt suivant, il est venu les chercher et nous a confié en secret qu'on nous emmenait à Auschwitz en Haute-Silésie.

Auschwitz, pays de mort... Le « gros lot » est tiré, il faut se soumettre et tenir, tenir à tout prix.

Plus d'eau, la tinette déborde, les gens assis tout autour sont constamment arrosés. Nous essayons par l'entrebâillement des portes (le troisième jour les portes n'étaient plus fermées que par des chaînes) de parlementer avec les sentinelles pour qu'elles nous autorisent au moins à vider la tinette, à prendre un peu d'eau dans une gare. Rien à faire, elles ne nous écoutent pas. Le moral baisse. Les gens, inquiets, sales, fatigués et mourant de soif, attendent impatiemment l'arrivée au camp.

Vers 11 heures du soir le train stoppe. Nous sommes arrivés. Le voyage a duré trois jours et deux nuits[1].

À minuit, on nous ordonne de descendre[2]. Les S.S. séparent aussitôt les femmes et les enfants des hommes, nous arrachent des mains nos paquets, nos valises, nos sacs, nous mettent en rang sur la route. Nous pataugeons dans la boue. Des ombres en « pyjamas » (ce sont les détenus du camp affectés aux travaux de la gare) montent derrière nous dans les wagons, enlèvent tout ce qui y reste encore et chargent sur des camions nos valises et nos affaires.

Un S.S. passe et demande aux médecins de sortir des rangs, appelle ensuite les femmes seules sans famille. Faut-il sortir ? Ne vaudrait-il pas mieux se joindre aux familles et rester ainsi avec ses

---

1. Le convoi arriva à la gare d'Auschwitz le 22 janvier dans la nuit. Les hommes furent sélectionnés avant minuit (le 22), les femmes après minuit (le 23). Après sélection, furent reconnus « aptes » 236 hommes numérotés de 172 611 à 172 846 et 55 femmes numérotées de 74 783 à 74 797 et de 74 835 à 74 874. Le reste du convoi, soit 864 personnes, fut gazé dans le crématoire II ou dans le III. En 1945, il y avait 72 survivants de ce convoi, dont 30 femmes.

2. Le déchargement puis la sélection se pratiquaient à cette époque sur l'« ancienne rampe juive », située à un kilomètre au sud de la gare d'Auschwitz, le long des rails du chemin de fer.

amis ? Ne nous a-t-on pas formellement promis une vie plus facile, un travail plus léger dans les « camps de famille » ? Certaines se décident, sortent des rangs. Des S.S. dirigent vers elles le faisceau de leur lampe de poche, quoique la gare soit éclairée par des projecteurs.

On choisit les jeunes, les bien portantes. Nous sommes 40 femmes qui devront suivre les S.S., sur les 700 femmes et enfants du convoi.

Les autres montent dans des camions et sont amenées directement au crématoire, dans des chambres à gaz...

Nous apprendrons plus tard que le nombre des hommes entrés au camp est à peu près égal au nôtre, dont 5 % de survivants... On nous conduit au camp, au « sauna[1] » (établissement de bains) sous une escorte de S.S. Là, nous sommes reçues

1. Probablement un des deux « Bauwerk Chantiers » 5a et 6b. Ces installations permettaient d'épouiller les vêtements avec du Zyklon-B (acide cyanhydrique) dans des chambres à gaz construites à cet effet et de détruire les parasites dans des autoclaves ou des chambres à air chaud. Elles étaient aussi équipées d'une salle de 50 douches collectives et d'un véritable sauna, d'où le nom donné par l'auteur, le « Zentral Sauna », n'ayant de « sauna » que le nom car sans sauna. Cette installation sanitaire comportait 3 autoclaves « Gœdecker », 4 chambres à air chaud « Topf » et 50 douches collectives.

par des filles encore mal réveillées, grosses, vulgaires, toutes jeunes, mais paraissant être enceintes (difformité courante chez les détenues). Sur leur manche gauche est cousu un numéro matricule.

Ce sont ces filles, ces détenues, qui nous déshabillent, nous fouillent, nous tatouent, nous enlèvent nos bagues, nos montres, nos sacs, ne nous permettent même pas de garder une brosse à dents, ou un morceau de savon, même pas une photo, nous rasent nos cheveux et nous envoient toutes nues sous la douche.

Après la douche (pas de serviette de toilette), nous passons dans une grande salle froide, glaciale, au sol en ciment, où d'autres filles nous distribuent ces pauvres loques qui devront désormais nous servir d'habits, des chiffons pour envelopper nos pieds, de vieux souliers éculés qui sont trop petits ou trop grands. Elles nous peignent des croix rouges sur ces misérables habits, symbole de cette lourde croix que nous devrons porter.

Ainsi déguisées, méconnaissables, nous passons dans un bureau où on nous immatricule, où on nous demande notre métier, quelles études nous avons faites, si nous sommes malades, le nombre de nos dents en or (pour la récupération ultérieure, après la mort, naturelle ou par les gaz).

Nous sommes prêtes... La vie des bagnardes commence.

À Birkenau, les blocs [1] où vivent les détenues sont en grosses briques (faites avec des cendres des incinérées [2], nous disent celles qui sont là depuis longtemps et qui ont elles-mêmes bâti ce camp).

À l'intérieur, le sol est en briques rouges. Sur les côtés d'un court et étroit couloir, deux boyaux des deux côtés desquels des sortes de cages à lapins se font vis-à-vis en trois rangées superposées. Je ne puis trouver une expression mieux appropriée pour désigner nos futurs lits que celle de « cage à lapins ». Chaque cage a 1,70 m au carré (la longueur d'un corps). Nous sommes six dans une cage. Nous sommes obligées de nous coucher tête-bêche. Nous pouvons également être assises mais seulement très courbées car les cages sont basses.

Nous sommes reçues dans ce bloc par des filles toujours aussi grosses et grossières, qui ne savent

---

1. Ces baraques, dites en « dur » pour les différencier de celles de type « écurie » montées ultérieurement, furent édifiées avec des briques provenant de la démolition de certains quartiers de la ville d'Oswiecim et étaient implantées dans la première tranche de construction du K.G.L. Birkenau, le B.A.I. L'auteur fut « parquée » dans le secteur BIb, dit « Camp des femmes ».

2. Rumeur sans fondement.

que crier et frapper, qui nous terrorisent littéralement.

Ces filles, qui sont elles-mêmes des détenues, forment l'administration du bloc, ce sont les *stubovas*[1], c'est-à-dire celles qui sont préposées au nettoyage, et la *blocova*, la directrice ; ce personnel est désigné par les S.S. du camp qui savent bien choisir les « meilleures », cela veut dire celles qui les servent mieux qu'ils n'auraient fait eux-mêmes, celles qui savent marcher sur des cadavres ; ce sont pour la plupart des Slovaques et des Polonaises.

Nous passons des journées entières dans ces « cages », assises toutes courbées (nous n'avons pas le droit de nous allonger dans la journée). On nous oblige seulement à descendre pour faire le travail des *stubovas*, car ces « dames » prétendent avoir assez travaillé et souffert dans le camp. Toutes ces anciennes détenues estiment que nous avons suffisamment profité de la vie pendant qu'elles étaient enfermées et que c'est notre tour de travailler.

1. *Stubovas*, *blocovas* : ce sabir germano-polonais, devenu l'argot du camp, illustre fidèlement le partage des sphères d'influence dans le camp : la racine allemande des mots, qui en impose le sens, subsiste, mais entièrement phagocytée par l'environnement polonais.

Quand elles le veulent bien, elles nous accompagnent à la toilette où nous allons en rangs. Là, d'autres Polonaises nous donnent également des coups de bâton, car nous n'osons pas nous asseoir sur les planches mouillées et sales.

La diarrhée sévit. Tant pis pour celles qui ne peuvent se retenir... elles n'ont qu'à jeter leur unique culotte.

Notre nourriture nous est distribuée par ces mêmes *stubovas* qui, devant nous, fouillent dans les tonneaux à soupe pour en sortir les quelques pommes de terre ou les minuscules morceaux de viande qui peuvent y flotter, se servent copieusement et nous laissent le reste. Une soupe sale, grise, épaisse, sans sel, absolument immangeable, servie dans des espèces de gamelles larges émaillées. Une gamelle pour six et pas de cuillère. Il faudra « s'organiser », nous disent les anciennes, c'est-à-dire voler chez la voisine ou, si nous le pouvons, « acheter » avec notre pauvre ration de pain à une détenue plus affamée.

Au bout de quelques jours on nous emmène travailler : ce qui consiste à faire la route ; nous devons effectuer des travaux de terrassement, ou faire six ou sept fois par jour, à pied, 4 kilomètres dans les deux sens en portant chaque fois une pierre. Nous sommes accompagnées des S.S. suivis de chiens policiers qui se jettent sur celles d'entre nous qui ne peuvent plus marcher et les déchiquettent. Cela amuse d'ailleurs beaucoup nos S.S. Les cris des malheureuses les font rire.

Nous menons en somme au camp une vie bien réglée. Réveil à 4 heures du matin. Nous faisons nos « lits », cela veut dire que nous rangeons soigneusement « nos » paillasses (deux paillasses pour six), nous plions nos couvertures, car nous avons également des « couvertures », des loques sales et puantes, une pour deux, on nous chasse du bloc à 4 heures et demie et, par n'importe quel temps, dehors commencent ces interminables appels.

En rangs par cinq, sans bouger, nous attendons des heures dans la neige et dans la boue jusqu'au moment où la S.S. allemande daigne venir nous compter. Gare à celles qui osent dire un mot, se retourner, ou ne se tiennent pas au garde-à-vous quand la S.S. passe. Gare également à celles qui s'évanouissent. À l'appel, tout le monde doit être présent et debout. Nous soutenons dans la position verticale celles qui tombent d'épuisement, pour que la S.S. ne les voie pas à terre. Nous les ranimerons comme nous le pourrons lorsque l'appel sera fini.

Après l'appel, c'est le travail. La soupe nous est apportée à midi, dehors, si nous sommes loin des blocs. Nous retournons au bloc pour une heure quand nous travaillons à l'intérieur du camp.

À 1 heure, reprise du travail jusqu'à 6 ou 7 heures du soir. Cela dépend de la saison. Après le travail, c'est de nouveau l'appel, encore des heures debout et enfin nous rentrons dans le bloc où on nous distribue non pas la ration à laquelle nous aurions droit (pain et 20 g de margarine, trois fois par semaine) ou du saucisson (une rondelle) deux fois par semaine ou une cuillère de confiture de betteraves deux fois par semaine, mais cette ration réduite, car le personnel du bloc veut manger à sa faim et échanger avec ce qu'il prélève sur notre pauvre ration des cigarettes, des « vêtements », etc.

C'est encore dehors que nous devons enlever nos souliers (une demi-heure de station debout) car le bloc doit toujours être propre à l'intérieur et, lorsque nous avons enfin pénétré dans ce « sanctuaire », nous montons le plus vite possible dans nos « cages ». Nous fourrons le reste de notre pain, si nous en avons, et nos souliers sales sous la paillasse, car autrement tout cela nous serait volé dans la nuit et, sans nous déshabiller, nos vêtements souvent encore mouillés, les fichus sur la tête, collées les unes contre les autres, obligées, faute de place, de se retourner dès que l'une de nous se retourne, nous essayons de nous endormir dans ce bloc puant. La nuit on nous met, en effet, au milieu du bloc, une brouette que deux d'entre nous devront vider le matin, car nous n'avons pas le droit de sortir pour nous soulager et la majorité a la diarrhée. Nous sommes à peine endormies lorsque la garde de nuit (*stubova*) commence à crier « levez-vous », « faites vos lits » et ces mots sont suivis de coups ; des objets divers (brosses, balais, gamelles) sont projetés dans les étages supérieurs quand elle en aperçoit une qui ne s'est pas levée aussitôt.

Les plus courageuses arrivent à se glisser dehors en cachette, courent vers la toilette où elles essaient de se frayer une place près du seul robinet du camp où l'on puisse se laver un peu. Nous sommes environ 12 000 dans le camp où il n'y a que deux robinets [1].

Et une autre journée semblable aux précédentes commence, triste, interminable, sans espoir, dans la crasse et la promiscuité.

Plusieurs d'entre nous ne peuvent supporter ces humiliations, cette vie et se jettent sur le fil de

---

1. « Deux robinets » : non pas pour l'ensemble du camp, mais dans le secteur ou le voisinage de la baraque où « logeait » l'auteur.

fer barbelé électrifié qui entoure le camp. C'est l'unique moyen pour se suicider.

Un beau jour, trois semaines après mon arrivée au camp, on vient m'appeler au *Revier*, hôpital [1]. Le typhus sévit [2], plusieurs médecins sont déjà morts, certains encore malades, on a besoin de forces nouvelles.

Le *Revier* se compose d'un groupe de baraques en bois (ex-écuries comme l'indiquent les inscriptions qui sont restées sur les portes). Il y a quinze baraques en tout, dont onze occupées par différents services : contagieux, chirurgie, œdèmes, convalescents, dysenterie, tuberculeux, médecine générale ; une baraque est réservée aux détenues allemandes malades, une au personnel et deux aux consultations, à la cuisine et aux annexes, le tout entouré de fil de fer barbelé. Les baraques sont en bois, vieilles, noires, le sol dans certaines d'entre elles est en briques, dans d'autres en terre, au milieu il y a un poêle en briques qu'on allume de

---

1. Le secteur BIIf (voir plan) était le camp hôpital. Il se composait de dix-huit baraques en bois, dont une majorité de type « écurie ».

2. De sa création (juillet 1940) à sa libération, le camp d'Auschwitz fut atteint par une dizaine d'épidémies de typhus. Elles furent soit générales (sévissant sur l'ensemble du complexe comme en août 1942), soit localisées à un secteur ou un camp (cas du camp des Tziganes ou secteur BIIe vers la mi-juin 1942).

temps en temps. Aux deux bouts une grande porte (portail) qui donne directement dehors. Pas d'eau, pas de canalisation. La lumière pénètre par des petites lucarnes sous le plafond. À l'intérieur, contre chaque paroi dans le sens de la longueur, des lits (quelle ironie de les appeler ainsi) placés bout à bout. Perpendiculairement à eux, des groupes de deux lits séparés par un petit espace. Des lits noirs, sales et sur trois étages. Une paillasse répugnante pleine de pus et de sang avec une ou deux couvertures et sur chaque paillasse au moins deux malades, parfois même trois et quatre. De temps à autre un lit du haut s'écroule... des cris, des lamentations... et tout rentre de nouveau dans l'ordre. Près des lits, dans la travée centrale, quelques tinettes que les « infirmières » vident de temps en temps. Une odeur de cadavres, d'excréments... Et les malades, des êtres squelettiques, couverts presque tous de gale, de furoncles, dévorés par des poux, tous complètement nus, grelottant de froid sous leurs dégoûtantes couvertures ; les têtes rasées se ressemblent étrangement. Ces figures de souffrance, sans âge, sont toutes les mêmes. Je mets des semaines à m'y habituer, à les distinguer les unes des autres.

Les « infirmières », pour la plupart des filles grosses, bien portantes, qui volent les malades et daignent rarement les approcher de peur d'être obligées de leur rendre un service, lavent toute la journée le plancher car les briques doivent être constamment humides pour que les S.S. aient l'impression d'un bloc propre. Qu'importe que la malade soit sale, mal soignée, pleine de poux et de gale, pourvu que les apparences soient sauves.

Je suis affectée au bloc 18 (médecine générale)[1]. Les cachectiques, les tuberculeuses, les typhiques, celles qui sont atteintes d'œdèmes de carences, de prombo-phlébites, de dysenteries, de malaria défilent sans arrêt devant nous.

Il est à remarquer qu'en général les déportées n'ont plus leurs règles.

La mortalité est énorme. Le *Revier* a 3 000 ou 4 000 malades sur 12 000 à 13 000 détenues[2]. Au *Revier* seulement, il en meurt journellement 300, la majorité du typhus. Les mortes sont traînées du lit où elles ont passé souvent une nuit à côté d'une autre camarade de misère encore vivante, parfois leur mère ou leur sœur, et jetées devant le bloc, nues évidemment, dans la boue ou la neige suivant la saison, car il fait rarement sec dans ce pays

1. Voir sur le plan la position de la baraque 18 dans le secteur BIIf.

2. En juillet 1944, le K.G.L. Birkenau renfermait 60 000 détenus, hommes et femmes.

marécageux. Là les tas grossissent rapidement. Vision hallucinante de ces monticules de mortes, couvertes d'une seule couverture. Des jambes, des bras, des visages de souffrances dépassent de tous les côtés...

Le soir, un camion arrive et prend sa lugubre cargaison pour l'emmener vers les crématoires qui fument sans arrêt. Et de nouveaux cadavres s'amassent... de nouveau l'usine de mort continue à tourner. Et peut-il en être autrement ? Nous avons un hôpital, nous avons du personnel médical, mais on ne nous donne pas de médicaments, pas de coton, pas de gaze, pas de quoi faire un pansement. Ce qu'on nous donne est tellement minime que nous pouvons le considérer comme presque inexistant. Que ce soit pour le service des infectieux, des œdèmes ou de la dysenterie, on nous envoie tous les jours la même chose [1] : dix tablettes

1. Noms des médicaments cités par l'auteur :

• charbon : antidiarrhéique ;

• urotropine : antiseptique interne dans les infections des voies urinaires et bilaires, anti-infectieux ;

• tamalbrul : probablement un produit comme la tanalbine (combinaison de tanin et d'albumine) ou le Tanacétyl (acétyltanin) ou le Tanoforme. Tous ces produits sont antidiarrhéiques ;

• cardiozol : stimulant respiratoire et cardio-vasculaire

• caféine : cardiotonique et diurétique ;

d'aspirine, dix tablettes de charbon, dix tablettes d'urotropine, dix tablettes de tamalbrul, rarement une ampoule de cardiazol, de caféine ou de prontosil ; un peu de coton de cellulose et des bandes en papier une fois par semaine, de quoi faire des pansements sommaires et dans les cas les plus urgents. Et tous ces abcès qui s'ouvrent tout seuls ! Le pus coule sous la malade, sur les couvertures ; ces êtres innombrables avec des pieds gelés, des gangrènes, se tordent de douleur, vous supplient de leur donner un peu de coton, une tablette pour calmer les douleurs... avec leurs visages de souffrance, tous les mêmes, ils attendent impatiemment notre visite, leurs yeux nous poursuivent et nous supplient sur leurs corps dévorés de gale, ils usent leur pauvre morceau de margarine, se frictionnent pour essayer de calmer leurs démangeaisons...

Nous ne pouvons que leur dire une bonne parole ou, si par hasard nous obtenons quelques produits à la pharmacie (un jour, par exemple, des kilos de

---

• prontosil : chlorhydrate de sulfamido-chrysoïdine. Un des premiers sulfamides employés. Action antimicrobienne ;

• kaolin : pansement des ulcères. Utilisé en dermatologie ;

• solvens : sulforicinate de sodium commercialisé aussi sous les noms de Solvise et Polysolve. Ce liquide sirupeux, jaune foncé, s'émulsionnant avec l'eau, était utilisé dans la tuberculose laryngée.

kaolin), nous leur donnons du kaolin contre la dysenterie, du kaolin pour les entéro-colites, du kaolin pour soigner la gale (externe).

Quand nous touchons quelques tablettes de solvens, nous en préparons une solution et les malades avalent cette pauvre cuillerée d'« eau bénite », comme nous l'appelons, avec tant de confiance qu'elles se « sentent » tout de suite soulagées. Et on ne peut la donner qu'aux tuberculeuses, qu'aux bronchitiques, mais de tous les lits les mains se tendent, les pauvres voix supplient de leur accorder un peu de cette « eau bénite » et, quand on leur dit que ce n'est que pour celles qui toussent, elles nous répondent toutes qu'elles toussent aussi... ce qui est vrai, malheureusement. Le nombre de tuberculeuses est grand.

C'est dès novembre 1943 [1] qu'a commencé dans le *Revier* et au camp la lutte contre les poux mais, lors de mon arrivée en février 1944, les malades en étaient toujours couvertes, le typhus sévissait...

---

1. L'épouillage des effets personnels dans des installations conçues à cette fin débute, en effet, fin 1943 : les Entwesunganlager (Bw 5a et 5b) du B.A.I. furent achevés le 26 octobre 1943, le « Zentral Sauna » le fut le 29 janvier 1944 et l'Entwesungsbaracke du camp des Tziganes le 17 février 1944.

Nous faisons nos visites avec des fichus sur la tête. Lorsque nous nous baissions sur une malade, les poux tombaient sur nos têtes des lits des étages supérieurs. Et l'épouillage était encore l'une des choses atroces du camp. Il se faisait par bloc. Tout le monde était envoyé au « sauna[1] » (établissement de bains) et les malades du *Revier* comme les non malades. Les mourantes étaient portées sur des brancards, les autres, cela veut dire toutes celles qui pouvaient encore se tenir debout, devaient s'y rendre à pied (300-400 m de chez nous). Nues, sans chemises, les pieds dans des savates, couvertes d'une méchante couverture, souvent deux sous une seule qui ne leur couvrait que le buste, leurs longues cuisses décharnées ne se joignant pas, laissant entre elles des triangles énormes, leurs longues jambes (deux bâtons minces couverts d'une peau parcheminée) faisant suite à d'énormes genoux, elles se traînaient lamentablement dans la neige (parfois par moins 25°) ou dans la boue, tombaient en route, se relevaient sous les coups de bâton, se traînaient à nouveau. Les figures desséchées, triangulaires, sans âge, où ne se voyaient que les yeux, se tordaient de souffrance. On rasait celles qui avaient des poux

1. À cette date au « Zentral Sauna » qui comprenait deux grandes salles d'attente au sol cimenté et chauffées (une du côté « *unreine*/sale » et une du côté « *reine*/propre »).

de tête (et presque toutes en avaient), on les douchait. Assises par terre sur le ciment, elles attendaient des heures et souvent toute la nuit que les couvertures soient désinfectées (passées à l'étuve) et le bloc gazé. Ce jour-là, bien souvent, leur soupe ne leur était pas distribuée non plus...

Au retour, on ramenait des morts sur les brancards. La mortalité après cet épouillage était énorme, la désinfection insuffisante et les poux continuaient à dévorer nos malades. Cependant, leur nombre diminuait.

Vers le mois d'avril 1944, au *Revier*, l'épouillage se faisait autrement. On transférait les malades à épouiller dans un autre bloc du *Revier* pour un jour, toujours à pied, toujours nues, toujours sous les coups de bâton. Ce bloc avait déjà ses malades qu'on mettait par trois et quatre dans un lit pour faire place aux « invitées ». Ces « invitées » étaient également couchées par trois et quatre. Elles avaient des phlegmons, des abcès, des pieds gelés, des diarrhées incoercibles (les malades faisaient sous elles), des typhoïdes, la gale, toutes s'entassaient pêle-mêle, n'importe comment, les unes sur les autres. Les lits s'écroulaient continuellement, les malades des étages supérieurs tombaient sur leurs camarades de misère d'en bas en se blessant, en les blessant. Pas de couvertures pour les « invitées », car les couvertures devaient rester au bloc qu'on gazait.

Le lendemain, on rasait les malades et on les « lavait ». Pas d'eau dans les blocs, pas de canalisations. On apportait donc une baignoire et on y versait quelques seaux d'eau. Rarement on y jetait quelques cristaux d'hypermanganate de potassium [1] (lorsque la pharmacie en possédait) et les 350 ou 400 malades à épouiller étaient toutes trempées, « lavées » dans la même eau qui devenait noire et épaisse de crasse. On enlevait les pansements (les poux ne pouvaient-ils pas se loger dessous ?) et le pus coulait dans la baignoire. Celles qui avaient encore un corps relativement propre devaient quand même entrer dans la baignoire, les malades couchées y étaient trempées... Et de nouveau on revenait dans son bloc « propre », on ramenait de nouveau des cadavres vivants qu'on jetait sur le tas devant le bloc (après avoir enlevé le numéro matricule sur le bras).

Mais lorsque le nombre de survivantes du *Revier* était grand, on faisait de temps en temps des « sélections », pour ne pas nourrir toutes ces bouches inutiles.

---

1. Ou permanganate de potassium. Cristaux violet-noir toujours utilisés dans la préparation du soluté de Dakin ; désinfectant.

Tout d'un coup, en pleine journée, l'ordre venait de fermer tous les blocs, de ne laisser sortir personne. On tirait sur celles qui osaient tenter de sortir.

Une commission composée du médecin en chef S.S. de l'hôpital, de quelques S.S. et de notre médecin principal (directrice), une détenue, passait successivement dans tous les blocs. Tout le monde sait déjà ce qui se prépare. Une panique énorme s'élève parmi les malades juives. Le mot *Sortierung* (sélection) court d'une bouche à l'autre. Elles auraient bien toutes risqué le coup et se seraient sauvées dehors, cachées quelque part dans un ravin, mais elles sont nues et se feraient repérer immédiatement.

Le personnel du bloc (le personnel médical n'a pas été assujetti aux sélections) commence à retirer toutes ses affaires pour au moins en habiller quelques-unes. Et pourtant, aucune d'entre nous n'a grand-chose à se mettre. Les contrôles successifs nous ont privées d'un pull-over, ou d'une jupe, ou d'une chemise que nous avions pu « organiser ». Nous n'avons droit qu'à ce que nous portons sur nous, pas de linge de rechange, pas de robe. Nous distribuons précipitamment nos manteaux, nos blouses, nos tabliers. Toutes les malades se jettent sur nous, nous arrachent littéralement nos habits, nous supplient de leur donner quelques loques. Et celles qui n'avaient plus aucune force, ne bougeaient presque plus, se raidissaient encore, se levaient, c'était elles qui, souvent, nous arrachaient avec le plus de force nos vêtements.

Les quelques malades transformées ainsi en « infirmières » faisaient semblant de laver, de frotter, cachaient, autant que possible, leurs figures angoissées aux yeux scrutateurs de nos bourreaux.

Les autres essayaient de se cacher entre les lits, de se glisser sous les lits... mais la hauteur des pieds des lits n'est guère que de 25 centimètre et on a beau n'avoir que la peau sur les os, on essaie vainement de se glisser sous les lits ; nous retirons des corps coincés (les dos sont tout déchiquetés, écorchés), des êtres aux yeux égarés, aux yeux fous.

Et la commission est déjà là... Un silence de mort... Personne n'ose plus respirer. Tout le monde descend des lits et se met d'un côté du bloc. Tous les lits, tous les espaces entre chaque fente où un pauvre corps aurait pu se cacher sont vérifiés par les S.S., matraque à la main. Des coups pleuvent sur celles qu'on trouve encore, leurs numéros sont relevés, leur condamnation à mort est signée... Cela est également vrai pour toutes celles qui, n'ayant plus de force, malgré toute leur volonté, ne peuvent descendre des lits. Et le défilé sinistre commence devant la commission.

On passe, une par une, d'un côté du bloc à l'autre. On ramasse ses dernières forces, on se raidit pour ne pas chanceler. Ces figures sans âge, ces figures de souffrance se crispent en une grimace qu'elles croient être un sourire, pour cacher leurs souffrances, pour paraître encore vaillantes.

Froid et impassible, avec une expression de dégoût, le médecin S.S. fait un léger signe de la main : à gauche ou à droite. À gauche, les numéros sont relevés, la condamnation à mort est signée, aucun espoir d'un recours en grâce. Et peu nombreuses sont celles qui échappent à ces sélections. Ce sont, pour la plupart, les dernières arrivées au camp qui, ayant encore un corps propre (ni gale, ni plaies, ni abcès), ont conservé une allure de femme. Mais ces « médecins » étaient des « esthètes » et ne conservaient que des corps jolis. Une de nos amies, femme d'un poète hollandais, jeune et l'une des plus belles femmes du camp, sera parmi les condamnées. Elle a accouché dans un camp en Hollande, juste avant sa déportation, et a quelques vergetures sur le ventre...

Dans le bloc où se trouvent aussi des Aryennes, bloc mixte comme on l'appelait (car il y avait un bloc de juives seules), les listes des Juives étaient dressées rapidement au secrétariat de l'hôpital et elles seules sortaient et défilaient devant la commission.

Leur lugubre besogne accomplie, aussi impassibles qu'à leur arrivée, parlant entre eux de choses banales, les S.S. se retiraient. Leur travail n'avait duré que quelques minutes. La joie des unes, les tortures des autres ne faisaient que commencer.

Des cris, des pleurs, des lamentations, des prières... Chacun manifeste sa douleur à sa façon. Les « rescapées » s'embrassent, manifestent à haute voix leur joie, ont encore des regards égarés, des regards de folles... Elles savent que leur tour viendra aussi et bientôt probablement, mais aujourd'hui elles ont tiré le « gros lot », encore quelques jours, quelques semaines ou peut-être même quelques mois de torture, de misère, de vie de martyres ! N'est-ce pas une chance ? Qu'importe la douleur des autres... La vie au camp leur a bien appris déjà à ne compter que sur elles-mêmes, à passer indifféremment, insensiblement, à côté de la plus grande souffrance !

La sélection terminée, l'administration du *Revier*, composée de nos détenues, entre en scène. Elle sépare les condamnées à mort des autres, des survivantes.

Un des blocs, généralement le bloc juif, se transforme pour quelques jours en une énorme cellule de condamnées à mort (de 350 jusqu'à 600 parfois). Le bloc est cerné, personne, sauf le personnel de ce bloc, n'aura le droit d'y pénétrer. La *blockova* est responsable du nombre des « sélectionnées ». Si quelqu'un se sauve, l'une des femmes du personnel devra prendre sa place. Ce n'est pas la personne qui compte, c'est le nombre...

Et cette vie étrange, irréelle dans sa monstruosité, commence.

Les cas de folie se multiplient. L'une crie, l'autre hurle, se mord les bras, l'une parle doucement, avec un sourire qui n'est plus de ce monde, à sa petite fille, sa petite Mariette qu'elle voit jouer auprès d'elle, une autre encore est impassible, résignée. Une de mes amies me dit avec un sourire céleste de ne pas trop me faire de la peine pour elle, qu'elle est heureuse de mourir car elle vient d'apprendre que son mari est mort comme elle et elle a hâte de le rejoindre... et sa fille, sa petite de deux ans qui est restée cachée chez des amis est tellement gentille et belle qu'elle sera heureuse partout, que tout le monde l'aimera, qu'on lui remplacera ses parents morts... Et je sais pourtant que personne n'a pénétré dans ce bloc, que personne de celles qui y sont n'a connu son mari, n'a pu lui donner des nouvelles. A-t-elle perdu la raison aussi ? Elle est enfermée depuis trois jours déjà...

Le soir du troisième jour, rarement du deuxième, c'est de nouveau pour nous toutes *Lagersperre* (interdiction absolue de sortir). Nous entendons le bruit des camions qui pénètrent au *Revier* et des blocs voisins des cris « *schnell, rasch, los...* » (vite). Nous entendons les cris des victimes qui s'accrochent de toutes leurs pauvres forces aux portes, aux roues des camions, qui nous appellent au secours... sur qui les coups pleuvent et que nos infirmières aident à monter dans les camions couverts de bâches fermées. Celles qui ne peuvent plus bouger, les mourantes et les mortes sont toutes jetées les unes sur les autres. On les compte, on cherche les manquantes, celles qui se sont glissées derrière le bloc, collées aux murs pour ne pas être vues.

Mais on les trouvera toutes, le nombre y sera...

Parmi les cris un chant s'élève. C'est l'hymne juif, en grec, *La Marseillaise* souvent aussi...

« Chantez, n'allez-vous pas en Palestine ? » leur crie la *Lagerführerin* (commandante du camp) avec ironie.

Arrivée devant les crématoires, la triste cargaison est déchargée en faisant basculer la plateforme du camion. Le « travail » doit avancer vite...

On ne perd d'ailleurs plus beaucoup de temps. Les malades sont déjà nues, ce qui évite la peine de les déshabiller. On les entasse dans la chambre à gaz, nous entendons encore quelques cris, quelques appels au secours, quelques noms, qu'on hurle à l'approche de la mort, et puis, un silence, un silence profond, un silence de mort plane sur tout...

Dans la nuit, de grosses flammes [1] montent des cheminées, des grosses flammes énormes, rouges, qui crient vengeance...

Les sélections ne se font pas au *Revier* seulement, elles se font également au camp.

La commission va d'un bloc à l'autre, toutes les Juives défilent devant elle, nues généralement. Lorsque la commission est pressée, on défile tout habillée, un petit signe de main du médecin, le

1. Il suffisait au témoin de sortir du bloc 18 et de marcher une centaine de mètres vers le sud en longeant la clôture barbelée, qui était uniquement perceptible de l'extérieur par les flammes que crachaient les deux cheminées (une par crématoire). Par contre, les crématoires IV et V n'étaient pas visibles du camp hôpital.

numéro est pris, la condamnation signée. Sont prises toutes celles qui paraissent les plus âgées, toutes celles qui sont maigres ou qui ont mauvaise mine, qui ont une allure plus négligée que les autres dans leurs loques (car on nous donne des loques, mais il faut être bien habillées...), toutes celles qui ont la gale, une plaie, une blessure aux pieds... et, pour compléter le nombre requis, n'importe qui sera pris, question de chance, de hasard.

Le bloc 25 au camp de Birkenau [1] est un bloc de condamnées à mort. Les « sélectionnées » y sont amenées, enfermées, bien gardées par un S.S. et par le personnel du bloc, avec la *blockova* en tête, qui les bat, les prive de nourriture, leur refuse un peu d'eau à boire... Cette femme sera d'ailleurs arrêtée lors de la libération par l'Armée rouge (dénoncée par les détenues) et emmenée en Russie avec ses camarades qui l'ont aidée dans sa besogne et également quelques autres détenues au service des S.S. et qui étaient aussi monstrueuses que ces derniers, qui ont des centaines de victimes sur la conscience.

---

1. La localisation de ce bloc est impossible car il existait six blocs portant le numéro « 25 » dans l'ensemble du K.G.L. Birkenau.

En général, au bloc 25, on attendait pour que le nombre des condamnées soit de mille. Elles attendaient parfois plusieurs jours, car les chambres à gaz pouvaient contenir mille personnes. « Le gaz est cher, c'est dommage de le gaspiller pour un petit nombre... »

Et parallèlement aux sélections, on commence à faire certaines améliorations à l'intérieur du camp vers les mois de mars et avril 1944. Ordres supérieurs ? Initiative de notre médecin en chef S.S. Mengele ? Celui-là même qu'on voit apparaître avec le plus d'horreur, celui qui fait les sélections avec le plus d'impassibilité, les sélections qui sont les plus épouvantables pour nous. Ne dira-t-il pas, plus tard, vers la fin de la même année : « Pourquoi Radio-Londres parle-t-elle de mes sélections, pourquoi ne dit-elle pas que j'ai transformé la maison de la mort en un hôpital ? » (*Totenbau* en *Krankenbau*). Encore un de ces paradoxes du camp.

La lutte la plus énergique contre les poux et la gale a commencé. Les contrôles de poux, les épouillages se font d'une manière méthodique, sans interruption. Partout dans le camp, des inscriptions – un pou c'est la mort – commencent à prendre pour nous une forme réelle, non pas ironique. Leur quantité diminue, mais on en trouve, on en trouvera encore jusqu'à la fin de l'existence de ce camp (18 janvier 1945), mais ce ne seront que des spécimens isolés.

L'épidémie de typhus prit fin vers le mois de mars-avril. Nous n'aurons plus que des cas rares. On installe un service spécial qui ne s'occupera que du traitement de la gale (*acidum muriaticum*, *acidum thyosulfuricum*). Le traitement est efficace, mais assez long. On apporte d'Allemagne du « Mitigol » qui donne des résultats merveilleux. Les malades affluent pour le traitement, 2 000 personnes passent par jour dans le service ; les pyodermites sont hospitalisées, les autres suivent un traitement aux consultations.

Des travaux fiévreux de canalisation commencent au mois de mai. On installe des lavabos, des W.-C. On blanchit les blocs, on fait des sols en ciment là où il n'y avait que de la terre.

Les malades affluent, malgré la crainte des sélections. Mais en été, celles-ci sont rares. On « liquide » surtout au printemps et en automne. La cause ? L'année 1944 n'a pas été une exception dans ce sens. La dernière sélection du printemps eut lieu au mois d'avril. Puis elles ne reprirent qu'au mois de septembre, aussi affreuses, aussi impitoyables qu'auparavant.

Les travaux d'assainissement durèrent tout l'été et, lorsqu'ils furent terminés, les Allemands

« liquidèrent » le camp de Tziganes[1] qui se trouvait à 300 mètres du nôtre. En une seule nuit, 4 250 personnes furent gazées !

C'est là-bas qu'on transféra le *Revier*, de nouveau dans des blocs noirs, sales, sans eau, sans canalisation. Les valides de Birkenau furent transférées dans de petits camps à 300 ou 400 mètres plus loin, dans des blocs insalubres, sales...

Et Birkenau embelli, nettoyé, assaini, restera vide.

La raison ? On ne peut que l'imaginer. Nous la cherchons dans l'approche des Russes.

On pourra leur montrer un beau camp, propre, on ne leur dira certainement pas que les détenues n'ont jamais profité de ces améliorations et n'ont subi que les inconvénients des travaux, saleté, bruits, poussière, transfert des malades d'un bloc à l'autre, donc concentration dans les lits...

C'est au mois de mai également que les Allemands décidèrent de « liquider » les Juifs de

1. Selon les documents conservés, du 26 février 1943 au 21 juillet 1944, un peu moins de 22 000 Tziganes (hommes, femmes et enfants) furent « concentrés » à Birkenau, dans le secteur BIIe, dit « Camp des Tziganes » (*Zigeunerfamilienlager*). Le 2 août 1944, les survivants, environ 3 000, furent gazés.

Hongrie. Jour et nuit les trains affluèrent. Le commando[1] qui, jusque-là, s'occupait du classement des affaires de ceux qui arrivaient, est submergé de travail et devient insuffisant. On ouvrit un nouveau camp[2]. On installa rapidement des baraques en bois dans le voisinage des crématoires. Un établissement de bains[3] y existait déjà. Ce nouveau camp était Brezinki[4], le vrai camp de l'extermination, de la destruction, de la mort. 1 200 personnes y travailleront jour et nuit, puis on leur enverra des renforts du Lager. De 1 000 à

1. L'auteur fait référence aux hommes et femmes détenus travaillant au Kanada I, implanté dans la première zone industrielle du camp, entre le camp principal et la gare.

2. Il s'agit du Kanada II, situé à l'ouest de la deuxième tranche de construction (BII) de Birkenau. Ce secteur, dit parfois BIIg, se composait de trente baraques (disposées en trois rangées de dix), la majorité étant du type « écurie » et quelques-unes d'un autre modèle (avec fenêtres latérales).

3. « Établissement de bains » : ici le « Zentral Sauna ».

4. « Brezinki » : en fait Brzezinka, nom polonais de Birkenau. La juxtaposition de plusieurs espaces clos ceinturés de barbelés dans le K.G.L. Birkenau, tels les BIa, BIb, BIIa, BIIb, BIIe, BIId, BIIe, BIIf, le Kanada II, le terrain du crématoire II, celui du II et celui des IV et V donnait aux détenus l'impression de plusieurs camps séparés, ce qui pouvait sembler juste mais était administrativement faux puisque l'ensemble de ces différents secteurs sont le K.G.L. Birkenau. Lorsque l'auteur cite « Brezinki », il faut comprendre le Kanada II ou secteur BIIg.

1 500 personnes viendront tous les jours travailler là tout l'été.

Et, le 16 mai, je suis envoyée comme médecin de ce camp.

Brezinki se compose d'une quarantaine de baraques et d'un établissement de bains, le tout entouré de fil de fer barbelé électrifié.

De chaque côté du fil de fer barbelé se trouvent les crématoires [1] (2 d'un côté et 3 et 4 de l'autre), ainsi que la maisonnette blanche [2], chambre à gaz. Chaque crématoire possède également sa chambre à gaz.

Les rails [3] sont prolongés de la gare jusqu'aux crématoires. On évite ainsi le transport de la gare

---

1. Les crématoires II et III se situaient au sud du Kanada II, les IV et V au nord.

2. Il s'agit du Bunker 2, situé à 300 mètres à l'ouest du Zentral Sauna, remis en activité à l'été 1944 sous la désignation de Bunker 5 (les crématoires II, III, IV et V étant alors nommés I, II, III et IV).

3. La construction de trois voies de chemin de fer en mai 1944 pour la déportation hongroise concrétisait un projet ancien figurant sur le deuxième plan d'ensemble du camp de prisonniers de guerre Birkenau, établi le 14 octobre 1941 et destiné aux Soviétiques. Sur ce plan, ne comportant pas de crématoire, la ligne de chemin de fer était projetée à deux voies.

en camions, on ne gaspille ni l'essence, ni le temps.

Notre commando n'occupe que deux baraques, entourées d'un mur de fil de fer barbelé avec un portail toujours fermé à clé. En face se trouve la « sauna », à 20 ou 30 mètres à droite et à la même distance, les crématoires n°s 1 et 2 sont à 200 mètres environ de là [1]. Un local servira de dépôt pour les effets des arrivants qui sont incarcérés à Auschwitz (tous les petits camps qui portent les noms de Birkenau, Brezinki [2], Auschwitz, Babitz [3], Buna-Monowitz [4], Raisko [5] dépendent

1. Les deux baraques-hôpital du Kanada II sont distantes de 20 mètres du Zentral Sauna (à l'ouest), de 50 mètres du crématoire IV, de 170 mètres du V (au nord), de 450 mètres du III et de 600 mètres du II (au sud-ouest).

2. « Birkenau, Brezinki » : c'est le K.G.L. énoncé en allemand et en polonais.

3. Camp annexe situé au nord et à 3 kilomètres du camp principal Auschwitz.

4. Le « camp de travail » de Monowitz est dit aussi « Buna-Monowitz ». « Buna » désigne l'usine de l'I.G. Farben devant produire du caoutchouc synthétique (par le procédé Butadiène-Sodium [Na] et du méthanol (utilisé comme carburant).

5. Rajsko, localité située à 1 kilomètre au sud du camp principal, comprenait : l'institut d'hygiène S.S. et une station expérimentale de culture des plantes (culture d'une variété de pissenlit, le Taraxacum bicorne dit aussi Kok-saghyz, dont les racines contenaient 1,5 % de latex).

d'Auschwitz et forment ensemble ce que le monde aujourd'hui connaît sous le nom d'Auschwitz).

Je possède une pièce pour les consultations et une chambre de malades où je n'ai le droit de les garder que dix jours au maximum ; notre camp étant considéré comme camp de travail, il est impossible de conserver les malades plus longtemps. Nous devons les expédier au camp de Birkenau.

Mais nous nous conformons rarement à ce à quoi nous avons droit. D'ailleurs, avons-nous droit à autre chose qu'aux mauvais traitements, aux tortures, à la mort ? Tout ce que nous faisons n'est que de « l'illégal ». Nous gardons donc toutes nos malades, sauf les infectieuses (scarlatine et typhus). Je dis « nous », car au mois de juillet on m'envoie à Brezinki une autre doctoresse avec laquelle je travaillerai jusqu'à la liquidation du camp, c'est-à-dire l'évacuation au mois de janvier 1945, lors de l'avance foudroyante des Russes.

C'est à Brezinki que je suis tombée dans le cœur même de l'enfer. Jour et nuit, sans arrêt presque, arrivent des trains qui amenèrent 800 000 Juives hongroises entre les mois de mai et septembre[1], chiffre qui nous est donné au camp par les S.S.

---

1. Du 17 mai 1944 au 11 juillet 1944 furent déportés de

qui, cyniquement, nous promettent toujours du « travail » et nous annoncent souvent d'avance les transports.

Intercalé entre ces transports hongrois, de temps en temps, un transport de France, de Belgique, de Hollande ou de Tchécoslovaquie, d'Italie ou de Yougoslavie... des transports juifs pour la plupart.

Les trains se succèdent presque sans arrêt, déversant sur la route des milliers et des milliers de gens. Un choix rapide est fait par le médecin du camp à la descente même du train. Les dimanches, un orchestre joue.

Quelques femmes et hommes jeunes, bien portants, sont mis de côté et dirigés vers l'établissement de bains. Ce sont les « heureux », ceux qui sont choisis pour la « vie » de bagnards avec toute la misère, la faim, l'humiliation, la mort lente dans la plus grande promiscuité.

Les autres sont dirigés vers les chambres à gaz, les fours... et, devant notre bloc, tantôt sous la pluie battante, tantôt sous un soleil ardent, pas-

---

Hongrie selon le rapport précis de Veesenmayer, ambassadeur allemand à Budapest, 437 402 Juifs au total. (Se référer à l'article de Georges Wellers, « Essai de détermination du nombre de morts au camp d'Auschwitz », paru dans *Le Monde juif* n° 112, 1983.)

sent, s'écoulent des flots de gens, des femmes jeunes avec des enfants dans les bras, des femmes qui donnent encore en route leur sein plein de vie, plein de sève pour empêcher leurs bébés de pleurer... Aux jupes s'accrochent les bambins qui savent déjà marcher, des enfants superbes, bruns et blonds, avec leurs boucles qui flottent au vent ; les petites filles ont de gros nœuds dans les cheveux... Et des hommes jeunes, valides, forts, ceux qui ne veulent pas se séparer de leurs familles, qui préfèrent rester avec elles dans des « camps de travail », ainsi que leur ont solennellement promis leurs compatriotes à la solde des Allemands, restés à la maison... Et des jeunes filles et des jeunes gens qui soutiennent leurs père et mère fatigués, malades ou courbés sous le poids des paquets, des bagages qu'ils n'ont pas voulu confier à la descente du train aux hommes (nos détenus qui travaillent à la gare) qui voulaient les leur prendre en promettant qu'ils les retrouveraient au camp. Ce sont leurs provisions, les langes de rechange pour les petits, un pot de chambre pour le gosse, la casserole pour lui faire, aussitôt arrivés, sa bouillie, une poupée, un jouet, ce sont leurs pauvres économies de toute une vie...

Et des vieux à cheveux blancs qui se traînent à peine et les malades soutenus par leurs camarades de misère, par les membres de leur famille, fatigués, exténués et qui ont déjà hâte d'arriver ; les morts qu'on doit traîner derrière soi...

La voiture de la Croix-Rouge est bien là, elle précède ou suit le transport, mais elle est chargée, elle amène le gaz pour leur extermination.

Et des cris, des injures, des coups de bâton pleuvent sur cette lave vivante qui ne sait pas marcher en rangs par cinq et ne va pas assez vite.

Des yeux curieux, interrogateurs, ou pleins d'angoisse, se braquent sur nous, voient les détenues à la fenêtre de notre bloc, dans l'entrebâillement de la porte ; ce sont celles qui, pendant que les S.S. ne les regardent pas, ont réussi à prendre d'assaut les ouvertures, car, sait-on jamais, il y a peut-être l'enfant, la mère, le père, le frère, la sœur qui sont restés cachés à la maison et qui arrivent maintenant ? Et souvent, l'une de nous pousse un cri ou tombe évanouie. Elle a aperçu dans la file qui s'écoule vers le crématoire ceux qui lui sont le plus chers au monde, ceux qui sont sa raison d'être, ceux qui lui donnaient le courage de supporter sa vie de martyre.

Et nous regardons, crispées, les dents serrées de rage ; la haine contre nos bourreaux nous fait serrer nos poings, mordre nos lèvres.

Faut-il dire à ceux qui passent qu'ils vont à la mort, que, quelques pas plus loin, ce n'est pas la douche comme le leur disent les S.S. et comme le leur promet l'inscription sur l'entrée de la chambre à gaz (*Bade*, bain), mais la chambre à gaz elle-même... leur mort. Ne vaut-il pas mieux les laisser dans l'ignorance jusqu'à la dernière minute ? À quoi servirait la révolte ? Sans armes, les mains vides, ils sont vaincus d'avance. Leur geste ne servirait à rien, leurs tortures morales et physiques ne seraient que plus grandes encore...

Et, taciturnes et impuissantes, nous assistons à ce défilé. Nos regards ardents les suivent jusqu'au bout.

On les fait pénétrer dans les crématoires. On leur dit de se déshabiller pour « la douche », de bien lier les lacets de leurs souliers pour ne pas les chercher à la sortie (en réalité pour qu'ils ne se dépareillent pas).

Les détenus hommes qui travaillent aux crématoires les aident par des coups, par des cris. On leur enlève leurs bijoux, leurs alliances, leurs montres et on les pousse dans la chambre à gaz. Ils commencent à comprendre...

La chambre à gaz possède deux petites fenêtres, des lucarnes avec des barreaux[1]. Les mains s'y accrochent, s'étirent vers l'air, nous entendons les pleurs des enfants, des cris « maman, maman », ils nous appellent au secours... et quand la chambre est au complet (1 000 personnes en tout), deux S.S., coiffés de masques à gaz, s'approchent des deux petites fenêtres, y déversent le gaz (en boîtes) et les ferment hermétiquement... Le silence se fait total. La mort dure sept minutes...

Le commando des hommes du crématoire chargera sur des camions ou voitures à bras toutes les affaires, les bagages, les souliers bien liés des gazés et tout cela ira dans nos baraques où nos femmes les trieront, les classeront et les enverront en Allemagne.

---

1. La chambre à gaz qui se situe vraisemblablement au bloc des trois chambres à gaz du crématoire IV (à 50 mètres des baraques-hôpital du Kanada II). Le témoin avait une vue directe et totale sur la façade sud du bâtiment. Dans le bloc des trois chambres à gaz du crématoire IV, celle au sud comportait deux portes étanches au gaz (une intérieure et une extérieure) avec deux fenêtres étanches au gaz pour le versement du Zyklon-B. C'est la première fois qu'un témoin visuel mentionne que ces ouvertures étaient équipées de barreaux intérieurs, probablement placés en retrait afin de faciliter le jet des granulés de Zyklon-B dans la pièce. La présence de deux S.S. versant simultanément du Zyklon-B dans une même chambre à gaz n'avait jamais été indiquée auparavant.

Au bout d'une demi-heure, tout est fini, propre.

On ouvre la porte[1] de la chambre à gaz. Les corps de ceux qui étaient près de la porte tombent à l'extérieur, les autres sont tous couchés les uns sur les autres, tous sur le ventre, comme si tous ces êtres avaient essayé de se sauver des gaz en se baissant... Les corps seront rapidement transportés vers les fours... Les lieux sont propres et l'on peut y faire entrer ceux qui attendent leur tour devant le crématoire.

Car, entre les mois de mai et août 1944, « l'affluence » est tellement grande que les cinq chambres à gaz[2] (chacune prévue pour 1 000 personnes), fonctionnant jour et nuit, ne suffisent plus. On fait la queue devant les crématoires, on attend patiemment des heures entières dehors, souvent déjà déshabillé, tout nu, on reste des heures sur le gazon...

---

1. Normalement, les portes extérieures des chambres à gaz des crématoires IV et V n'étaient ouvertes que pour y provoquer une aération naturelle. Les corps n'étaient pas extraits vers l'extérieur, mais transportés par l'intérieur vers la morgue centrale pour y être stockés avant crémation.

2. Il existait une chambre à gaz dans le crématoire II, une dans le III, trois dans le IV, trois puis quatre dans le V et quatre, puis une fois les cloisons intérieures abattues, une au bunker 2/V.

Et les quatre cheminées[1] ne suffisent plus non plus. On fait creuser de grands ravins[2] entre les crématoires. Des commandos entiers ne font que porter du bois dans ces ravins, on asperge les corps d'essence... de grosses flammes rouges montent furieusement des ravins, montent des cheminées... Une odeur affreuse de graisse fondue, d'os calcinés entoure notre camp...

Et comme il n'y a pas, à un certain moment, assez de gaz, on se contente d'asphyxier légèrement les gens[3]. Des cris montent encore des flammes... et nous continuons à vivre !

---

1. L'auteur pense aux quatre crématoires avec chacun une cheminée. En fait, les crématoires II et III avaient une cheminée chacun et les IV et X deux cheminées chacun. En écrivant « quatre cheminées », elle transpose directement ce qu'elle voyait quotidiennement, les quatre cheminées des crématoires IV et V.

2. Le four d'incinération du crématoire V étant tombé en panne, les S.S. firent creuser cinq petites fosses d'incinération dans la cour nord-ouest du bâtiment. Dès juillet 44, une haie végétale de 3 mètres de hauteur fut placée autour du crématoire V afin de dissimuler au regard des arrivants ces fosses d'incinération.

3. À la fin de l'été 44, le Zyklon-B vint à manquer à cause de la désorganisation grandissante de l'économie et des transports du IIIe Reich. Les victimes étaient directement poussées, vivantes, dans les fosses d'incinération du crématoire V et du bunker 2/V.

Et, en face de nous, dans l'établissement de bains, se joue encore une tragédie.

Le médecin vient inspecter, toute nue, la marchandise vivante qu'il a choisie pour le camp ! Des maigres, des malades et surtout des femmes enceintes ont pu se glisser, sans qu'il s'en soit aperçu, et, doucement, poliment, avec une sollicitude toute paternelle, il interroge celles qui lui paraissent enceintes ou malades. Il leur explique que c'est dans leur propre intérêt qu'il faut lui avouer si elles attendent un enfant, si elles sont fatiguées... Il leur donnera un travail léger, un supplément de nourriture. Les femmes, touchées par tant de gentillesse, avouent franchement. On les met de côté, on leur jette un manteau sur le dos, on met avec elles un enfant qui a pu se glisser au sauna sans être aperçu (les Juives polonaises savaient, par exemple, qu'on brûlait les enfants et elles arrivaient parfois à les cacher entre leurs jambes) et on les emmène au crématoire.

Souvent, on m'appelle au « sauna » pour ranimer une femme en syncope, retirer une aiguille que l'une d'elles a essayé de s'enfoncer dans une veine (car on l'a séparée de ses enfants, de sa mère ou de son mari), une autre a essayé de se couper les veines...

Et toutes ces femmes m'assaillent, me questionnent sur leurs familles, leurs maris, me demandent si les enfants ne seront pas trop malheureux dans les « camps de famille » où on les a emmenés avec une tante, une grand-mère, un membre de la famille, si elles auront le droit de les voir tous les jours...

Ce n'est pas la peine de leur dire la vérité. Elles l'apprendront assez tôt, aussitôt qu'elles arriveront au camp.

Mais elles aussi commencent à comprendre, elles voient les flammes, elles sentent l'odeur...

Mais peut-on croire à des choses aussi monstrueuses, aussi inhumaines... Lorsqu'elles sauront, elles n'y croiront pas encore... Et nous, qui vivons dans le cœur même de cet enfer, nous savons, nous voyons, mais est-ce que nous réalisons vraiment ce que nous voyons ?

Comment pouvons-nous continuer à vivre après cela ? Ce n'est que la haine qui nous donne cette force, l'espoir de voir s'écrouler devant nos propres yeux le régime nazi, l'espoir que nous aiderons un jour le monde vivant à empêcher le retour de ces crimes !

Et pendant qu'on gaze, qu'on brûle, qu'on fabrique des bagnardes qui vont entrer au camp, les ayant choisies pour la vie et la souffrance (on les a rasées, habillées de loques, fouillées pour que rien ne leur reste, même pas un souvenir sans valeur, tatouées après les avoir séparées des êtres qui leur étaient le plus proches et qui étaient leur raison d'être), notre commando travaille et mange.

Je dis « travaille » car il faut rassembler les dernières affaires, habits, sacs, cabas que les nouvelles arrivées avaient encore sur elles en arrivant au sauna, les mettre dans les baraques où d'autres détenues les classent (bijoux, argent, médicaments, habits d'hommes, de femmes, linge, couvertures, vaisselle, tapis, tissus neufs, rideaux, vivres, jouets... chaque article dans une baraque spéciale). On les brosse, on les nettoie, on fait des colis des articles semblables qu'on charge ensuite sur des camions qui les amènent à la gare et, de là, en Allemagne. On garde les loques pour les détenues du camp.

Je dis « mange » car les nouvelles ont apporté des vivres et nous avons faim. Les cabas, les sacs sont fouillés. Un morceau de chocolat, un gâteau, un bout de saucisson, de la confiture et du lard sont vite engloutis, une boîte de sardines ou de conserve, un morceau de pain sont vite cachés dans le pantalon (les détenues à Brezinki travaillaient en pantalon), ou dans la chemise, au risque même de se faire couper les cheveux s'il y a un contrôle. Et pourtant, nous sommes souvent contrôlées.

Et après douze heures de travail (équipe de jour et de nuit) ces filles, rentrées au bloc, s'offrent de véritables orgies de nourriture. Que leur importe que les flammes montent vers le ciel, que l'odeur d'os calcinés serre la gorge, qu'on entende des cris et des appels au secours sortant des flammes, que nos sœurs de misère se tordent de douleur dans le sauna, car on vient de leur arracher la chair de leur chair, leurs enfants, leur mère, leur mari, qu'elles ont déjà faim et froid. On mange goulûment, la graisse coule sur les doigts, sur les lits, on bavarde, on rit... Jamais, aucun écrivain, aucun poète ne saurait décrire cette vie. Est-ce cela l'enfer ?

Le monde des vivants – car nous, nous sommes des mortes, car nous sommes certaines de ne jamais en sortir – saura-t-il un jour ce qui s'est passé dans ce petit bois (le camp de Brezinki) et saura-t-il en tirer la conclusion ?

Et les fours marchent sans arrêt, leur combustible vivant leur est fourni régulièrement.

Lorsque le gros des transports hongrois est passé, on a commencé à liquider le reste des ghettos polonais. Au mois de septembre dernier, 80 000 Juifs, tous de Lodz, sont passés au four, et aussi ceux de Radom, et les derniers de Lublin, et des milliers et des milliers d'autres...

Et au fur et à mesure de l'avance des Russes, on amène des dizaines de milliers de Juifs de toute l'Europe. En se voyant perdus, les S.S. se vengent encore sur des femmes, des enfants sans armes, sans défense, sans protection, ils « sauvent » l'Europe du péril juif !

Nous verrons passer des dizaines de milliers de Juifs de Theresienstadt (Tchécoslovaquie), des Slovaques et, parfois, rarement, un transport hollandais. Le dernier transport de France eut lieu au début du mois de septembre, venu de la prison de Montluc. Celui-ci est une surprise pour les autorités d'Auschwitz car on n'attendait plus de transport de France. Il restera dix jours dans une baraque, sans manger (nous les avons aidés en leur envoyant une partie de ce que nous touchions pour nous, en volant chez les Allemandes quelques provisions), en attendant une réponse de Berlin pour savoir ce qu'il fallait en faire. Quelques-uns sont morts en attendant. La réponse leur est favorable pourtant. Ils ne passeront pas au gaz. On les fait tous rentrer au camp.

Cependant, intercalés entre les transports juifs, arrivent des transports « aryens » qui, comme nous, sont déshabillés, tatoués, rasés lorsqu'on trouve chez eux des poux, habillés de loques et envoyés au camp. Là-bas leur vie sera aussi dure que la nôtre, mais ceux-là auront droit aux lettres et aux colis. Le plus gros de ces transports est arrivé de Pologne. Une partie de la population libre de Varsovie a été dirigée sur Auschwitz lors de la révolte du mois de septembre 1944.

Le camp de travail et de famille que la propagande allemande leur avait promis était en réalité le bagne d'Auschwitz !

Mais, en septembre 1944, la menace de l'avance russe sur notre camp se précise. On décide une évacuation progressive de ce camp, la liquidation d'Auschwitz. Et le mot « liquidation » dans la bouche des Allemands prend pour nous une forme précise...

On commence par le camp des Gitanes. 4 250 « Tziganes », hommes, femmes et enfants sont amenés vers les fours crématoires et gazés en une nuit. Et ceux-ci savent où on les amène ; ils se débattent, ils pleurent, ils crient, les enfants appellent leurs mères dans toutes les langues (n'ai-je pas rencontré un jour, par hasard, dans un commando de Tziganes dans lequel je faisais le contrôle des poux et de la gale, des Françaises qui étaient nées en France, de parents français, qui ne connaissaient pas d'autre langue que le français et qui avaient été ramassées en France et envoyées dans ce camp de Tziganes simplement parce que c'étaient des marchands forains... ils nous appellent au secours...

Et, le lendemain, de longues flammes rouges n'appelleront plus au secours, mais à la vengeance cette fois.

Le même jour, d'ailleurs, l'ordre sera donné au secrétariat de les porter tous morts, exterminés, le camp ayant été soi-disant contaminé par la syphilis...

Toutes les nuits, des phares de camions allant vers les fours crématoires éclairent nos fenêtres. Nous comptons leur nombre durant ces nuits blanches pour savoir combien de nos frères et sœurs sont morts cette nuit-là.

Le médecin S.S. du camp « travaillera dur », il fera des sélections sans arrêt.

Et, de temps en temps, des petits transports partent par le train, 100, 300 ou 500 personnes, dans une direction inconnue. Est-ce pour la vie ou encore pour la mort ? Nous entendons des nuits entières des cris et des appels au secours...

Une femme S.S. ne m'a-t-elle pas dit cyniquement lorsque, naïvement, je lui disais que c'était long d'évacuer un camp pareil : « Très vite, 75 %

au moins iront au *Himmelkommando* (commando du ciel). »

Vers la fin du mois de novembre [1], une nouvelle sensationnelle court de bouche en bouche : les Allemands ne gazeront plus, ne brûleront plus ! Est-ce un de ces nombreux bobards qui circulent au camp, un jour on dit qu'une commission de la Croix-Rouge internationale doit visiter le camp, un autre jour que la Wehrmacht (l'armée) va prendre la direction du camp et remplacer les S.S. On se raccroche quand même à cet espoir, on voudrait le croire.

Effectivement, à partir de ce moment-là, rares sont les transports qui arrivent à Auschwitz et il n'y aura plus de sélections à l'intérieur du camp. De temps en temps, un petit transport partait dans une direction inconnue, nous avions le cœur serré, nous demandant toujours vers quel crématoire nouveau il était envoyé. Et les gens « bien renseignés » précisaient qu'à 80 kilomètres de

---

1. L'ordre était de démanteler les crématoires II et III, c'est-à-dire les deux principaux complexes exterminateurs de Birkenau, comprenant sous le même toit chambres à gaz homicides et four d'incinération. Le crématoire IV ayant été complètement démonté en octobre 1944 à la suite de la révolte du Sonderkommando, seul le four du IV continua de fonctionner jusqu'à l'évacuation du camp en incinérant les cadavres des morts dits « naturellement ». Cet ordre fut donné le 26 novembre 1944.

chez nous on avait construit des fours crématoires modernes où tout marchait à l'électricité...

Est-ce vrai, est-ce les S.S. qui ont lancé ce bruit pour nous torturer un peu plus moralement... ? Impossible de les faire parler là-dessus, ils sont « muets ».

En somme, pourquoi ne pas le croire ? N'avons-nous pas déjà vu chez nous des transports entiers venir des autres camps et être envoyés directement dans les chambres à gaz ? C'étaient généralement des transports de gens fatigués, exténués, dont on avait déjà tiré toutes leurs forces de travail (des musulmans, comme on les appelait chez nous, des êtres réduits à l'état de momies). N'a-t-on pas vu un jour arriver chez nous un transport de 500 enfants de dix à quatorze ans environ, des enfants encore bien portants, des enfants de Tziganes disait-on au camp, venant de Dachau et gazés chez nous aussitôt arrivés ?

À Brezinki, le travail continue, fébrile. Les baraques sont pleines à craquer. Il faut, le plus vite possible, classer, nettoyer, faire des paquets, expédier en Allemagne le bien dérobé, volé au monde entier.

Fin novembre, tout le monde doit classer les habits d'enfants, les jouets d'enfants... Commande pressée de Berlin, nous disent les S.S. Nous savons que Noël approche, qu'il faut faire des cadeaux aux enfants allemands. Et les habits et les jouets de centaines de petits enfants brûlés vivants feront briller de joie les yeux des enfants des S.S. ?...

Et nos femmes travaillent jour et nuit, ces affaires leur brûlant les mains, et les trains se suivent, des trains chargés de jouets, de linge et de vêtements d'enfants, de couvertures, de rideaux, de tapis précieux, de souliers, de vaisselle, de tissus neufs, de caisses d'or, de bijoux, de billets de banque de pays divers...

Et lorsque le rendement n'est pas bon, les S.S. font faire du « sport » le dimanche à nos femmes déjà claquées de travail (car il y a une demi-journée de libre le dimanche tous les quinze jours). Sport, cela veut dire que sous le commandement d'un S.S., une grande pierre lourde dans les bras, il faut marcher, courir, se jeter par terre, se relever, se rejeter, ramper sur les genoux, se relever à nouveau... et sans arrêt, sans interruption pendant une heure, une heure et demie, deux heures. Des coups pleuvent sur celles qui ne peuvent plus suivre les autres. Et nous sommes dans un pays où on patauge dans la boue presque toute l'année. Sales comme des cochons, exténuées, mortes de fatigue, nous rentrons le soir au bloc. Et, le lendemain matin, le travail reprend...

Le 18 janvier au matin, le bruit court que le camp va être évacué. La cuisine ne fonctionne plus, on ne nous a pas apporté notre soupe à midi. Fébrilement, les S.S. brûlent les papiers, les livres des commandos, nos fiches d'immatriculation, etc. Un grand bûcher où l'on brûle les valises vides...

À cinq heures de l'après-midi, l'ordre nous est donné de nous mettre en rang, sans tarder, pour partir. On nous permet d'emporter une couverture et ce qu'on veut en général. Dans les baraques, la marchandise est gardée par les S.S. mais, néanmoins, nous essayons de nous procurer à la dernière minute un pull-over de plus, une chemise de rechange, etc.

Les S.S., armes en mains, fouillent les blocs pour voir si personne n'y est resté. Personne n'ose, d'ailleurs, se cacher dans les baraques car, depuis longtemps, nous savions que l'on ferait sauter Brezinki. Et, en effet, aussitôt après notre départ, le feu a été mis aux baraques. On ne pouvait pas laisser à l'ennemi les preuves des crimes...

À six heures, notre colonne s'ébranle, se met en route. Nous n'osons croire que nous quittons Brezinki, qu'on ne nous a pas gazées toutes, que nous en sortons vivantes. Et, par une température de moins 25°, nous marchons allégrement, nous marchons vite, nous laissons derrière nous cette terre maudite où des millions de gens ont laissé leur vie, plus de 4 millions d'après les statistiques[1], où chacune de nous a laissé quelqu'un de proche, un parent, un enfant, une amie...

Les bûchers allumés partout éclairent la nuit. On brûle, on efface les traces des crimes nazis...

Mais, même si nous marchons vers de nouveaux fours crématoires comme nous le supposons et comme on le dit, nous sommes certaines maintenant que quelques-unes de nous se sauveront quand même, que le monde apprendra, malgré tout, ce qu'était AUSCHWITZ ! Et qu'importe que nous mourions en route ou à l'arrivée.

La fin du régime nazi est proche, le monde saura tout, le monde se vengera !

Nous passons devant tous les petits camps d'Auschwitz. Tout est vide, partout des bûchers sont allumés. Et, en route, nous rencontrons d'autres colonnes d'évacués d'Auschwitz, des colonnes interminables de femmes et d'hommes, des gens en loques, à peine vêtus, des malades,

---

1. Ce chiffre est celui qui a été avancé par les commissions soviétique et polonaise. Des travaux minutieux, tels celui de Georges Wellers, cité dans la note p. 56, ont ramené ce chiffre des morts à Auschwitz à 1 471 595 dont 1 352 980 Juifs.

sortis à coups de matraque des hôpitaux et des infirmeries à la dernière minute.

Les S.S. nous bousculent, nous somment de marcher plus vite. Un vent de nord souffle. Les mains et les pieds gèlent. On se débarrasse des petits paquets emportés en les jetant sur la route (choses prises dans les magasins du camp à la dernière minute). On s'enveloppe dans les couvertures, on se soutient mutuellement et... on avance. Une nuit merveilleuse, une route toute couverte de neige, des deux côtés de la route, des petits bois.

On pourrait peut-être, sans qu'un S.S. nous voie, se glisser doucement dans ce petit bois et y attendre l'arrivée des Russes. Mais nous n'avons que nos manteaux, nos robes avec des croix peintes sur le dos, nous sommes tatouées et n'avons pas un sou. Nous ne connaissons pas la contrée et, surtout, pas la langue. Et les Polonaises, nous avons appris à les connaître au camp ! Ce ne sont pas les habitants de Pologne qui nous aideraient dans la fuite. Le premier qui nous verrait se ferait certainement un plaisir de nous dénoncer. Nous en avons d'ailleurs eu la preuve. À la nuit tombante, une de mes collègues slovaque, sur la route, s'était adressée à une Polonaise qui passait et, comme elle lui demandait si nous étions loin de la frontière tchécoslovaque (nous l'avions presque longée), l'autre lui répondit qu'elle lui amènerait son mari qui lui indiquerait le chemin... Et, quelques minutes plus tard, elle a vu cette même femme venir vers nous avec un S.S. et, de loin, lui indiquer ma collègue, facilement reconnaissable d'ailleurs, grâce à son fichu blanc. Vite, celle-ci a enlevé son fichu et s'est glissée dans les rangs. Cette Polonaise n'était pas meilleure que celles que nous avions connues au camp.

Et la fatigue a commencé à nous gagner. Vers minuit, nous avons commencé à voir des cadavres de nos détenus allongés dans la neige, avec une balle dans la tête, quelquefois dans le ventre... Ce sont ceux qui, partis avant nous, n'ont pas pu avancer davantage et ont été abattus sur la route. De temps en temps, un coup de fusil derrière ou devant nous fait savoir qu'un des nôtres était encore tombé...

Car nous n'avions pas le droit de nous arrêter, de rester en arrière, de nous asseoir un peu sur le bord de la route. Le S.S. avait l'ordre de tirer sur tous ceux qui ne pouvaient suivre. On ne se parle plus, on ne chante plus. Comme des automates nous avançons toujours.

Nous avons marché quatorze heures de suite sans arrêt, sans avoir une minute de repos. Nous n'avons fait que 40 kilomètres. Le lendemain matin, première halte à 8 heures du matin sur une place publique, dans un village polonais, devant une école. Nombreuses sont celles qui manquent. Abattues le long de la route, sauvées dans les bois ? On voudrait le croire, mais on a entendu trop de coups de fusil dans la nuit...

Nous nous asseyons dans la neige. Nous mangeons un bout de pain sec gelé avec un peu de margarine (20 g), nous suçons un peu de neige propre.

Au bout de deux heures, il faut de nouveau se mettre en rang par cinq et aller plus loin. Mais nous marchons mal, nous nous traînons lamentablement sur la route et, quelques kilomètres plus loin, on nous amène dans une écurie où se trouvent encore quelques vaches, ça sent mauvais, mais il y a un peu de paille. Nous nous jetons sur cette paille qui nous paraît aussi douce que le meilleur des lits, nous nous empilons les unes sur les autres, car nous sommes 2 000 dans une seule écurie, et nous nous endormons d'un sommeil de plomb.

Nous ne partirons de là que le lendemain matin, aussi courbatues et aussi fatiguées que la veille. Le second jour, nous ferons encore 30 kilomètres et, le soir, nous arrivons à Loslau où des trains à bestiaux à plateformes ouvertes nous attendent.

Avec des coups de matraques et des coups de feu, les S.S. nous embarquent par cent dans un wagon et nous laissent sur la voie, tandis qu'eux s'en vont dans la salle d'attente de la gare ou sous les voûtes pour se chauffer près des feux allumés. Il fait moins 32° cette nuit, dit-on...

Nous avons beau nous serrer autant que possible les unes contre les autres, il fait terriblement froid, notre respiration est coupée. Au milieu de la nuit, nous avons fui les wagons et nous sommes réfugiées dans les toilettes de la gare où, debout, pataugeant dans l'eau, nous avons pu nous laver et nous réchauffer un peu.

De bonne heure le matin, les S.S. se sont aperçus de notre fuite et nous ont embarquées de nouveau dans les mêmes wagons ouverts où nous avons passé encore toute une journée. Le soir, notre train est parti et nous avons roulé encore dans ces wagons pendant cinq jours, toujours sans manger. Heureusement qu'il y avait de la neige, aux arrêts nous nous procurions un peu de neige propre. Notre pain, nos pauvres provisions étaient finis depuis bien longtemps.

Les femmes mortes en route étaient descendues sur la voie et laissées ainsi. Personne ne savait ni leur nom, ni même leur numéro...

Le 25, nous sommes arrivées à Ravensbrück, heureuses d'être n'importe où et non plus dans les wagons ouverts où nous restions accroupies, ne pouvant même plus nous asseoir, faute de place !

Mais à Ravensbrück, il n'y avait pas de place pour nous. Pour commencer, on nous a amenées au Jugendlager où on nous a entassées dans un block vide, 2 000, toujours par terre, toujours assises.

Le lendemain de notre arrivée, on nous a distribué de la soupe. J'ai reçu un gobelet de thermos que j'ai partagé avec une camarade malade, qui ne pouvait sortir et se battre pour sa soupe. On nous a donné un cinquième de pain et c'est toujours la neige qui complète nos repas !

À l'aube, nous passons par les fenêtres (impossible d'atteindre la porte par-dessus les corps) et nous nous lavons avec de la neige également. Le froid est devenu moins intense et, un beau matin, c'est la catastrophe, la neige a fondu... Elle était d'ailleurs tellement sale les derniers jours que nous ne pouvions plus nous en servir pour la manger, mais nous pouvions au moins nous laver. Cette fois-ci, nous nous laverons dans des bâches remplies d'eau sale...

Quelques jours après notre arrivée, nous essayons de réclamer un peu plus de soupe. L'*Ober-*

führerin (S.S. principale) du camp arrive et nous annonce d'une voix de stentor que nous avons certainement oublié que nous n'avions aucun droit à la vie et qu'en conséquence, nous serions privées de nourriture – pendant trois jours. Notre cinquième de pain nous est quand même distribué, mais sans aucun supplément (margarine ou fromage), pas de soupe non plus. Certaines détenues ne peuvent plus bouger, tombent en syncope. Que pouvons-nous faire ? Si nous avions un morceau de pain à leur donner, leurs malaises passeraient...

Avec un groupe de médecins et d'infirmières d'Auschwitz, nous occupons un coin de la baraque. Les malades arrivent. Mais nous n'avons plus de médicaments, plus de pansements. Et celles qui ont les pieds gelés et des gangrènes, des dysenteries ou la typhoïde, l'érysipèle s'entassent autour de nous. Nous ne pouvons même pas leur aménager une petite place pour qu'elles puissent s'allonger.

Et lorsque je me permets de demander à l'*Oberschwester* (infirmière en chef) au moins quelques tablettes d'aspirine, quelques pansements ou le droit d'amener les malades à l'hôpital, elle me répond : « Tu es juive ? Tu oublies que tu n'as aucun droit à la vie ! » le leitmotiv à Ravensbrück.

Tous les matins, on sort les mortes dans la cour.

Après dix jours de cette vie d'enfer, on nous emmène enfin au camp où nous touchons au moins régulièrement notre ration de pain, nos trois quarts de litre de soupe, théoriquement, car on ne nous en donne qu'un litre pour trois.

Tout le monde, même, n'a pas cette chance. Certaines dorment au camp sous des tentes, par terre, dans la boue. Tous les jours, de petits transports partent vers d'autres camps.

Notre tour arrive le 14 février. Le soir, on nous met dans des wagons où nous sommes debout ou assises par terre et, après une nuit de voyage, nous arrivons à Neustadt Gleve dans le Mecklenburg, mais Neustadt non plus ne peut nous recevoir, faute de place. C'est un petit camp, prévu pour 800 à 900 femmes qui travaillent à l'usine d'aviation et, la veille déjà, est arrivé un autre transport de 1 700 personnes.

Nous passons toute la journée sur les quais, toujours sans manger, et, le soir, on nous emmène dans une grange où il y a un peu de paille près de l'usine d'aviation. Nous y sommes 1 600 entassées. On nous fait entrer comme du bétail dans l'écurie, les S.S. à l'aide de leurs bâtons et de leurs ceintures en cuir nous poussent. Ils sont aidés dans leur travail par des détenues allemandes qui font preuve d'autant de zèle qu'eux-mêmes.

Ne sommes-nous pas en Allemagne où le mot « juif » nous est jeté à la figure comme la plus grande injure, à chaque instant, et où on souligne que nous n'avons aucun droit à la vie ?

Les détenues allemandes et polonaises vont saisir l'occasion de montrer leur haine contre les Juifs en nous battant, en nous martyrisant à chaque instant. Elles commencent par étaler leurs couvertures dans la grange et à se coucher dessus, tandis que nous avons juste le droit de rester assises ou debout ; gare à celle qui frôlera une de ces « dames » en passant...

Tous les jours, nous restons des heures dehors pour l'appel et, après l'appel, on nous distribue notre pain (ration déjà diminuée au sixième), puis, à partir du troisième jour, un peu de soupe (trois à quatre cuillerées à soupe par personne). Mais, chaque fois, après cette distribution et l'appel, c'est la rentrée dans la grange sous les coups qui pleuvent et, à l'intérieur, ce sont encore des coups qui nous attendent, les Polonaises et les Allemandes défendant leur place. Nous sommes battues pour sortir de la grange, pour y rentrer, pour aller à la toilette (pas d'eau pendant tout ce temps-là), pour avoir bougé un peu.

Au bout de dix jours, nous sommes conduites au camp. On a libéré des baraques précédemment occupées par les émigrés civils et on nous y installe.

L'entrée au camp a commencé par un contrôle sévère, fait par la directrice du camp (une criminelle allemande qui était là pour avoir tué son mari et son enfant) et des femmes S.S., en présence du commandant du camp. On nous a enlevé nos couvertures, notre linge de rechange, on ne nous a laissé qu'un seul pull-over et on nous a envoyées dans nos blocs respectifs. Les blocs étaient partagés en chambrettes par des cloisons en bois ; nous étions 90 dans notre chambre (4 m × 4,50 m), assises par terre sur un peu de paille. Aux fenêtres, des fils de fer barbelés.

Tous les soirs les disputes commencent, car nous ne pouvons nous allonger, nous sommes couchées les unes sur les autres, nous ne pouvons nous retourner la nuit que lorsque la voisine se retourne et chacune a peur que la voisine n'ait pris 1 centimètre de plus qu'elle n'avait la veille, qu'elle soit trop bien couchée. Impossible de se laver. Il existe bien une toilette, mais nous ne pouvons y aller qu'à certaines heures de la journée (impossible de savoir d'avance quand), et ce ne sont que les amies des Polonaises et des Allemandes qui peuvent y entrer, les autres reçoivent des coups de bâton sur la tête. Il en est de même pour les W.-C. Et, tous les jours, il y en a au moins deux ou trois qui sont dressées par nos « dirigeantes » détenues. Inutile de porter plainte, c'est nous qui serions encore punies, les autres sont des amies des S.S., des Allemandes, on leur donnera toujours raison...

La nourriture est presque inexistante ; jusqu'au mois d'avril, nous avons touché régulièrement un quart de litre de soupe au maximum, parfois deux cuillères à soupe seulement (la soupe, c'est de l'eau tiède, non salée, avec quelques rondelles de rutabagas qui y flottent parfois) et le sixième d'une boule de pain. Au mois d'avril, on nous a augmenté la ration de soupe (la qualité étant restée la même), mais nous ne touchons qu'un dixième de pain, soit 150 g par jour d'un pain lourd (deux petites tranches en tout). Le tout arrive à la fois. Nous mangeons donc une fois par jour, vers 16 ou 17 heures, et attendons le lendemain, le ventre creux.

Personne ou presque ne travaillait. Quelques petits commandos sortaient dans les bois creuser des tranchées. On ne prenait que rarement quelques filles pour décharger à la gare les pommes de terre ou les rutabagas. Et ces travaux étaient très recherchés, car on pouvait manger sur place, et au risque même de perdre ses cheveux, emporter dans le bloc quelques pommes de terre crues ou un morceau de rutabaga... et ces choses sont considérées comme des délices... Je me rappelle m'être demandé si chez moi je mangerais également des pommes de terre crues, et cela le plus sérieusement du monde !

À Neustadt, les Juives n'avaient pas le droit d'occuper des places à l'hôpital, ainsi je travaillais mais pas officiellement, faisant surtout du travail sanitaire prophylactique au bloc. Contrôle de la gale et des poux (nous en étions toutes couvertes et il fallait forcer les détenues à les tuer en contrôlant le plus souvent possible linge et vêtements).

Je me débrouillais à l'hôpital pour trouver quelques médicaments, pansements, etc. J'y accompagnais mes grandes malades mais généralement on n'y acceptait que les mourantes, les places étant limitées et les malades nombreuses.

Tous les jours, à l'appel, pendant lequel nous devions comme toujours rester debout, plusieurs d'entre nous tombaient en syncope. Lorsque les dirigeantes se détournaient, nous nous asseyions par terre car personne ne tenait plus debout. Et la dysenterie, la tuberculose, les œdèmes de carence faisaient d'énormes ravages. La majorité des détenues avait des stomatites ulcéreuses. Les femmes changeaient à vue d'œil, fondaient littéralement, avaient ce teint terreux, cette peau parcheminée, jaune, des gens des camps.

Des rumeurs de l'avance alliée arrivaient jusqu'à nous. Nous savions la libération proche, mais nous savions également que pour nous, chaque jour, chaque heure coûtait des vies et des vies...

Et le 1er mai, clandestinement, il y eut fête au camp. Ayant étalé sur un morceau de coton de cellulose nos tartines de pain, mises en commun, nous les avions garnies de rondelles de pommes de terre crues et de betteraves crues (« organisées » la veille par une de nos filles qui aidait à décharger un wagon) et nous avons chanté.

Le 3 mai au matin, les S.S. nous ont enfermées dans nos baraques. Aucun commando n'est sorti travailler au-dehors. Par nos fenêtres, nous avons vu les S.S. sortir des vivres de notre magasin (dépôt) du camp. Quelques-unes ont réussi à casser le fil barbelé et vers 2 heures de l'après-midi, les premières d'entre nous sont sorties. Au même moment, nous entendîmes un cri, les tanks américains passaient devant le camp...

Les S.S. abandonnèrent alors leurs valises, les camions préparés et se sauvèrent avec leurs amies, nos Allemandes détenues, en tirant avant de partir sur nos femmes sorties du bloc. Il y eut quelques blessées, plusieurs gravement. Mais les tanks américains ne firent que passer et allèrent occuper la gare. Nous étions libres et seules...

La foule de nos détenues libérées se jeta alors sauvagement sur le magasin de vivres, sur les affaires, valises, etc. abandonnées par les S.S. dans leur fuite. Des scènes terribles eurent lieu. On se battit, on se tua pour s'arracher le pain ou le paquet de margarine ou les quelques pommes de terre crues que les plus fortes avaient réussi à se procurer. Des blessées furent emmenées à l'hôpital. Au bout d'une demi-heure il ne resta plus au camp aucune provision. Et les faibles et les malades nous regardaient anxieusement en nous demandant si nous pourrions leur donner au moins leur ration de pain. Mais le magasin était vide et les Américains n'avaient fait que passer.

Vers la fin de la journée, quelques-uns apparurent devant le camp. Nous les avons appelés, leur avons montré nos malades, leur avons demandé de nous aider. Ils nous ont envoyées chez leur commandant. Et le lendemain, le commandant nous a dit ne pouvoir rien faire pour nous. Il nous a promis de voir plus tard...

Dans l'après-midi, les troupes russes sont arrivées... et deux jours plus tard nous avons été transférées par leurs soins dans la ville même, dans l'hôpital militaire allemand, abandonné par les médecins allemands et les blessés légers. Les Russes ont mis à notre disposition le personnel allemand qui faisait les gros travaux et aussi des produits pharmaceutiques. Ils nous ont ravitaillées magnifiquement (lait, beurre, viande tous les jours, pommes de terre, sucre, etc.), ils nous ont habillées, donné des tissus et des couturières pour faire des vêtements à nos malades. Ils nous ont donné du tissu et des cordonniers pour nous faire faire des sandales.

Et sept semaines plus tard, la majorité de nos malades, ayant repris des forces, ont pu être rapatriées dans des conditions normales. Les autres – les grandes malades, les incurables – ont été renvoyées dans des voitures sanitaires.

médicaments, plus de pansements... Et les pieds gelés et les gangrènes et les dysenteries et la typhoïde et l'érysipèle — tout s'entasse autour de nous — Nous ne pouvons même pas leur arranger un bout de place pour qu'elles puissent s'allonger.
Et lorsque je me permets de demander à Oberschwester (infirmière en chef) au moins 2-3 tablettes d'aspirine, un peu de pansements (ou le droit de les amener à l'hôpital) elle me répond : tu es Juive ? tu oublies que tu n'as aucun droit à la vie — Le leit-motiv à Ravensb.
Et tous les matins on sort dans la cour les ~~mortes~~ — Après 10 jours de cette vie d'enfer on ns amène enfin au camp où ns touchons déjà régulièrement notre ration de pain, notre soupe 3/4 de litre, où on ns donne 1 lit pour 3
~~Et le 14~~ Mais tout le monde n'a pas cette veine — Certaines dorment au camp sous les tentes, par terre, dans la boue. Tous les jours des petits transports partent dans d'autres camps —
Le notre tour arrive le 14 Février — Le soir on ns met dans des wagons (3me cette fois, mais assises par terre, debout.... et après une nuit de voyage ns arrivons à Neustadt Glewe dans le Mecklenburg — Mais Neustadt

ne peut pas ns recevoir faute de place.
C'est un petit camp prévu pour 800-à 900 femmes
qui travaillent à l'usine d'aviation et la veille
est déjà arrivée un transport de 1700 personnes.
Ns passons toute la journée sur les quais, toujours
sans manger et le soir on ns amène dans
une grange avec un peu de paille à l'usine de
l'aviation - 1600 ~~avec des coups de bâtons des SS.~~
ns sommes entassées dedans - On ns fait rentrer
comme le bétail à l'écurie, les SS. avec des
batons, des ceintures en cuir ns y chassent -
Ils sont aidés dans leur travail par des détenues
allemandes qui font preuve d'autant de zèle que les SS -
Ns sommes en Allemagne où le mot „Juif" ns
est jeté comme la plus grande injure à la figure
à chaque instant, où on souligne que nous n'avons
aucun droit à la vie - Et les detenues allemandes
et les polonaises vont saisir l'occasion et
assouvir leur haine contre les juifs en ns battant
martyrisant à chaque instant - Elle commencerent
dans la grange par étaler leurs couvertures et
se coucherent dessus, tandis que ns aurons le
droit de rester assise ou debout et gage à celle
qui en passant frôlera une de ces „dames" -

Camp de concentration Auschwitz (Birkenau)

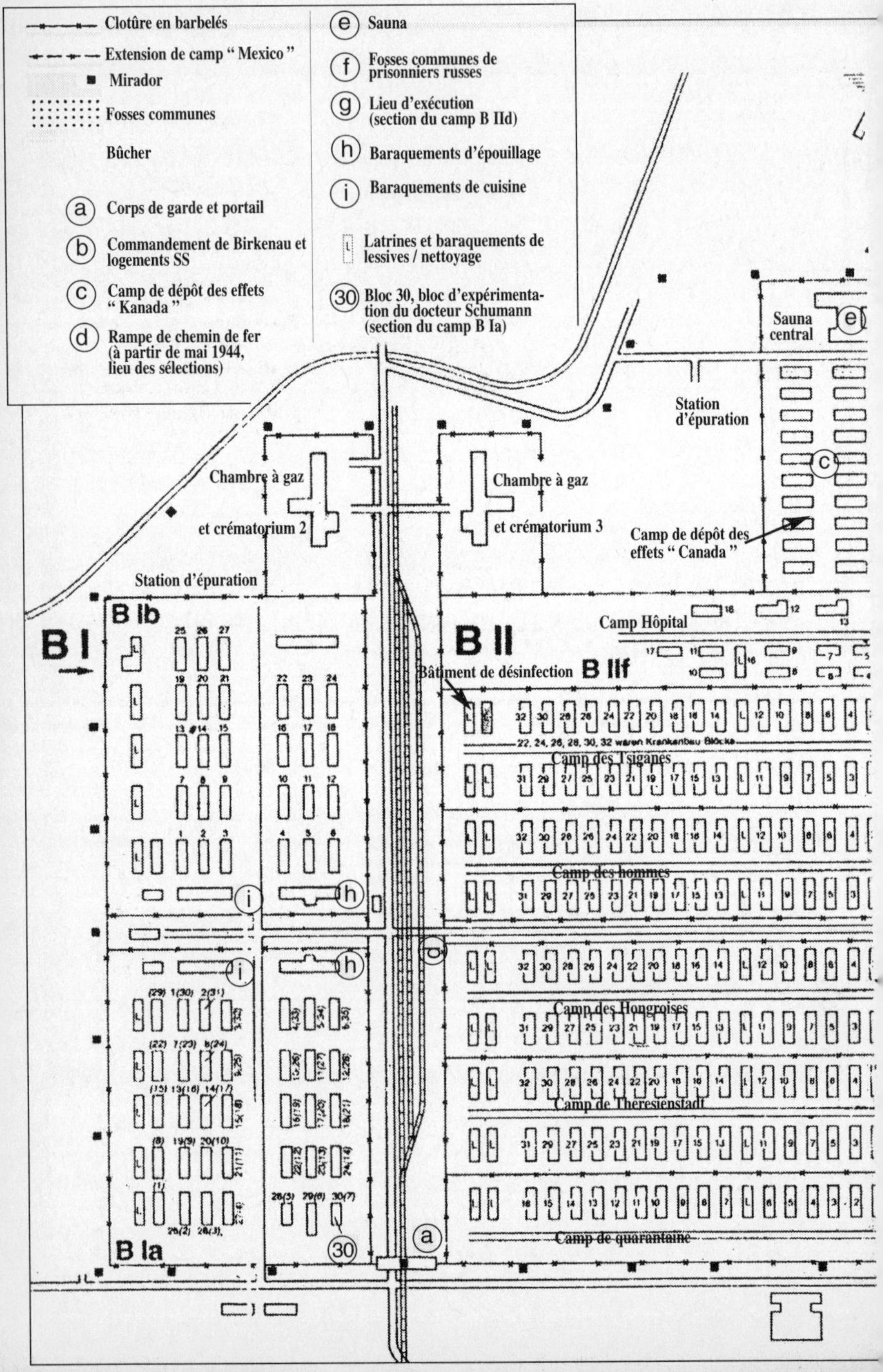

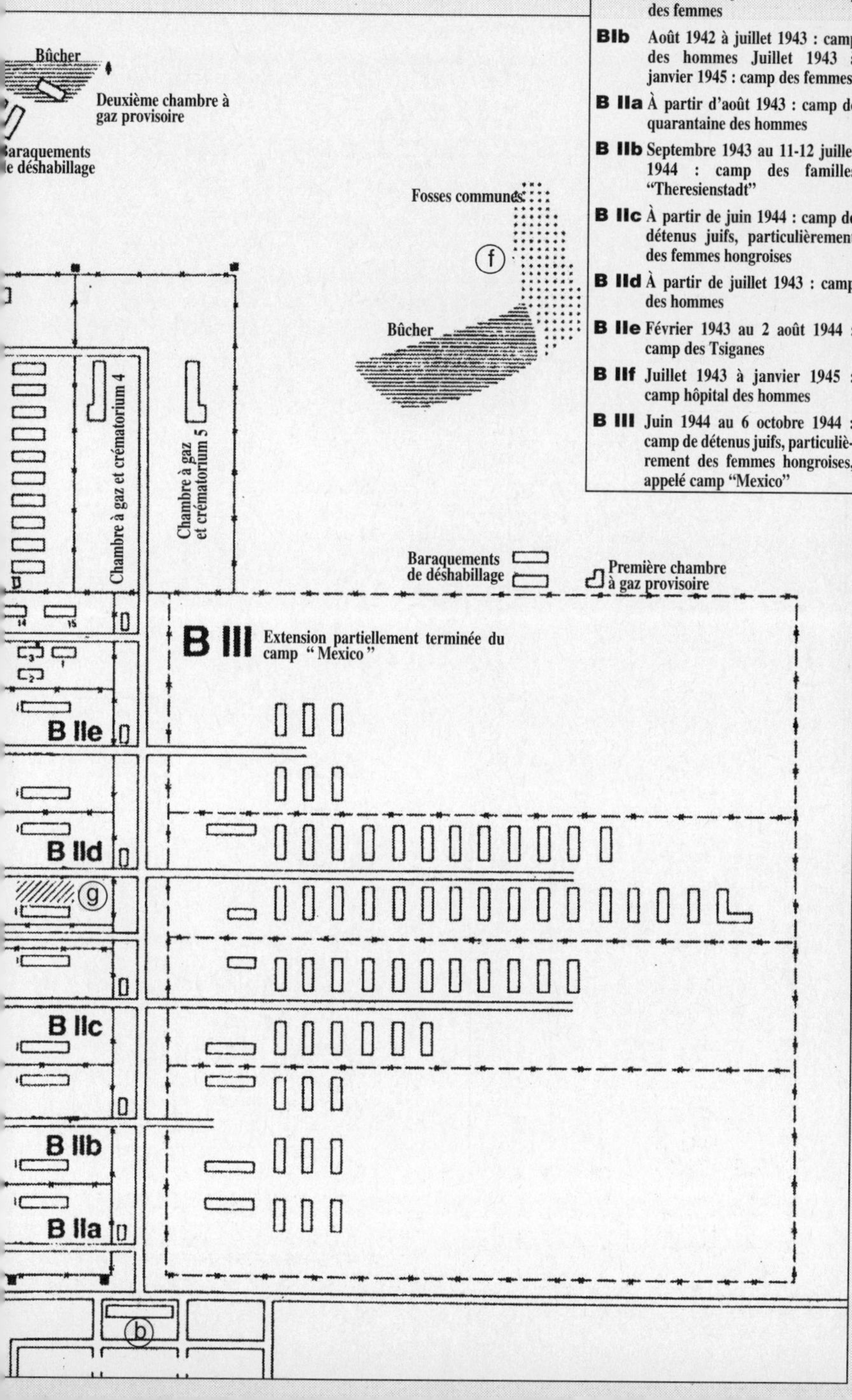

Les sections de camp à Birkenau :

BIa Mars à août 1942 : prisonniers soviétiques et détenus masculins Août 1942 à janvier 1945 : camp des femmes

BIb Août 1942 à juillet 1943 : camp des hommes Juillet 1943 à janvier 1945 : camp des femmes

B IIa À partir d'août 1943 : camp de quarantaine des hommes

B IIb Septembre 1943 au 11-12 juillet 1944 : camp des familles "Theresienstadt"

B IIc À partir de juin 1944 : camp de détenus juifs, particulièrement des femmes hongroises

B IId À partir de juillet 1943 : camp des hommes

B IIe Février 1943 au 2 août 1944 : camp des Tsiganes

B IIf Juillet 1943 à janvier 1945 : camp hôpital des hommes

B III Juin 1944 au 6 octobre 1944 : camp de détenus juifs, particulièrement des femmes hongroises, appelé camp "Mexico"

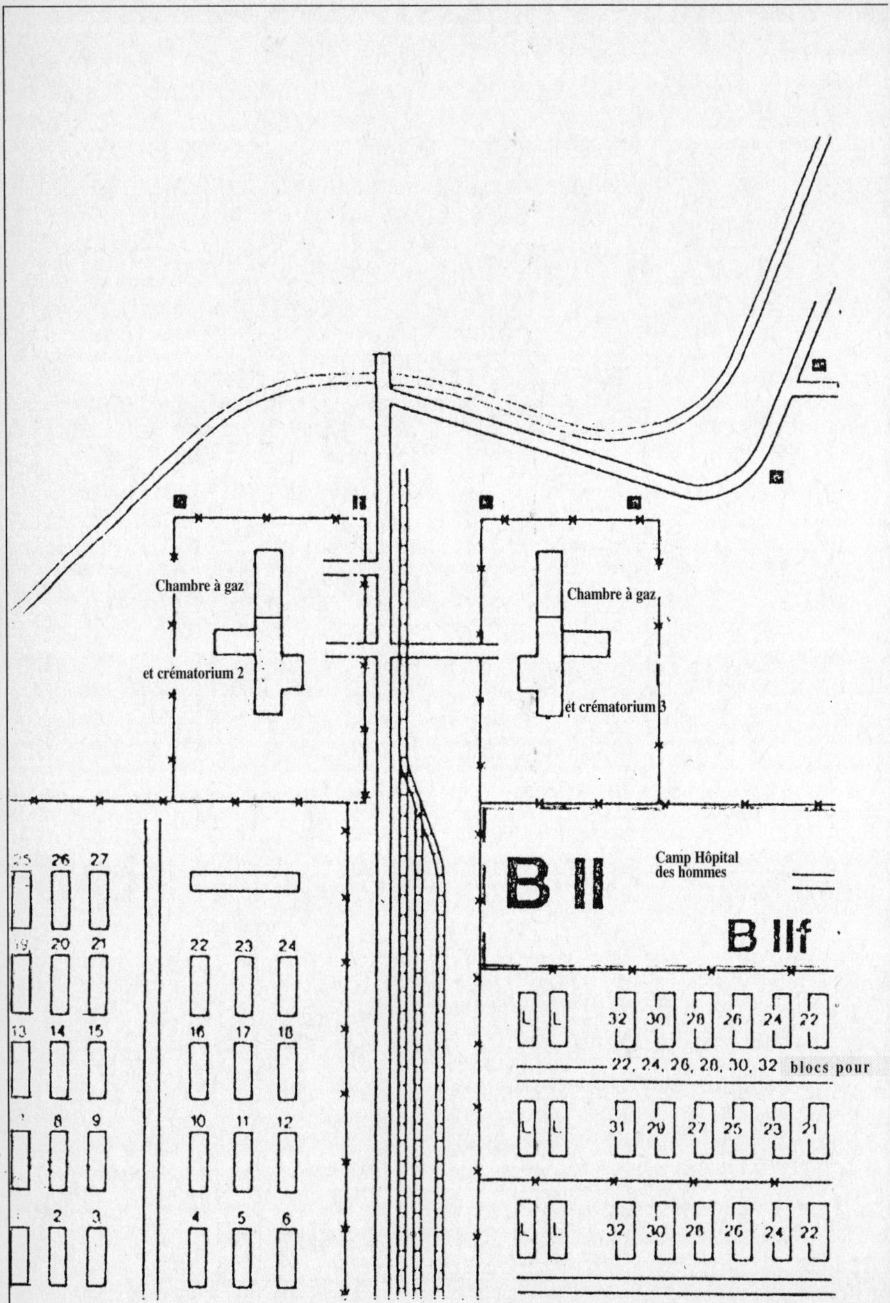
Chambre à gaz
et crématorium 2
Chambre à gaz
et crématorium 3
B II
Camp Hôpital
des hommes
B IIf
25 26 27
19 20 21
13 14 15
8 9
2 3
22 23 24
16 17 18
10 11 12
4 5 6
L L 32 30 28 26 24 22
22, 24, 26, 28, 30, 32 blocs pour
L L 31 29 27 25 23 21
L L 32 30 28 26 24 22

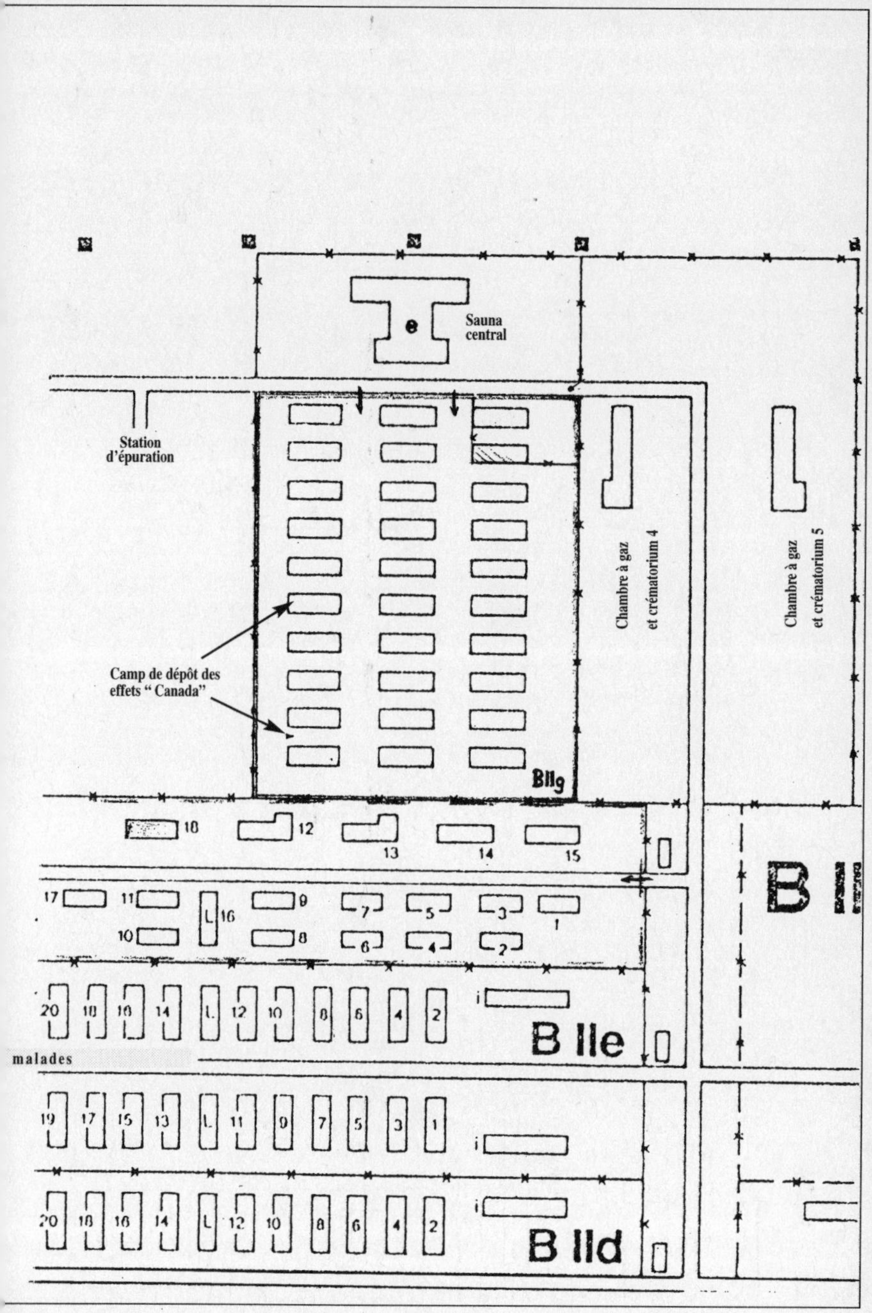
Sauna
central
Station
d'épuration
Camp de dépôt des
effets "Canada"
BIIg
Chambre à gaz
et crématorium 4
Chambre à gaz
et crématorium 5
B IIe
B IId
malades

Composition PCA
44400 – Rezé
Impression réalisée par Dumas-Titoulet Imprimeurs
pour le compte des Éditions Michel Lafon

Imprimé en France
Dépôt légal : avril 2002
Imprimeur n° 37036
ISBN : 2-84098-797-X
LAF 307